资治通鉴卷第一百二十七

宋纪九 昭阳大荒落，一年。

太祖文皇帝下之下

元嘉三十年（癸巳，公元四五三年）

春，正月，戊寅，以南谯王义宣为司徒、扬州刺史。

萧道成等帅氐、羌攻魏武都，魏高平镇将苟莫于将突骑二千救之。道成等引还南郑。

壬午，以征北将军始兴王濬为荆州刺史。帝怒未解，故濬久留京口；既除荆州，乃听入朝。

戊子，诏江州刺史武陵王骏统诸军讨西阳蛮，军于五洲。

严道育之亡命也，上分遣使者搜捕甚急。道育变服为尼，匿于东宫，又随始兴王濬至京口，或出止民张旿家。濬入朝，复载还东宫，欲与俱往江陵。丁巳，上临轩，濬入受拜。是日，有告道育在张旿家者，上遣掩捕，得其二婢，云道育随征北还都。上谓濬与太子劭已斥遣道育，而闻其犹与往来，惆怅惋骇，乃命京口送二婢，须至检覆，乃治劭、濬之罪。

潘淑妃抱濬泣曰：『汝前祝诅事发，犹冀能刻意思愆；何意更藏严道育！上怒甚，我叩头乞恩不能解，今何用生为！可送药来，当先自取尽，不忍见汝祸败也。』濬奋衣起曰：『天下事寻自当判，愿小宽虑，必不上累！』

己未，魏京兆王杜元宝坐谋反诛；建宁王崇及其子济南王丽皆为元宝所引，赐死。

帝欲废太子劭，赐始兴王濬死，先与侍中王僧绰谋之；使僧绰寻汉魏以来废太子、诸王典故，送尚书仆射徐湛之及吏部尚书江湛。

武陵王骏素无宠，故屡出外藩，不得留建康；南平王铄、建平王宏皆为帝所爱。铄妃，江湛之妹；随王诞妃，徐湛之之女也。湛劝帝立铄，湛之意欲立诞。僧绰曰：『建立之事，仰由圣怀。臣谓唯宜速断，不可稽缓。「当断不断，反受其乱。」愿以义割恩，略小不忍；不尔，便应坦怀如初，无烦疑论。事机虽密，易致宣广，不可使难生虑表，取笑千载。』帝曰：『卿可谓能断大事。然此事至重，不可不慇懃三思。且彭城始亡，人将谓我无复慈爱之道。』僧绰曰：『臣恐千载之后，言陛下唯能裁弟，不能裁儿。』帝默然。江湛同侍坐，出阁，谓僧绰曰：『卿向言将不太伤切直！』僧绰曰：『弟亦恨君不直！』

铄自寿阳入朝，既至，失旨。帝欲立宏，嫌其非次，是以议久不决。每夜与湛之屏

人语，或连日累夕。常使湛之自秉烛，绕壁检行，虑有窃听者。帝以其谋告潘淑妃，淑妃以告濬，濬驰报劭。劭乃密与腹心队主陈叔儿、斋帅张超之等谋为逆。

初，帝以宗室强盛，虑有内难，特加东宫兵，使与羽林相若，至有实甲万人。劭性黠而刚猛，帝深倚之。及将作乱，每夜飨将士，或亲自行酒。王僧绰密以启闻，会严道育婢将至，癸亥夜，劭诈为帝诏云：「鲁秀谋反，汝可平明守阙，帅众入。」因使张超之等集素所畜养兵士二千馀人，皆被甲；召内外幢队主副，豫加部勒，云有所讨。夜，呼前中庶子右军长史萧斌、左卫率袁淑、中舍人殷仲素、左积弩将军王正见并入宫。劭流涕谓曰：「主上信谗，将见罪废。内省无过，不能受枉。明旦当行大事，望相与戮力。」因起，遍拜之。众惊愕，莫敢对。久之，淑、斌皆曰：「自古无此，愿加善思！」劭怒，变色。斌惧，与众俱曰：「当竭身奉命。」淑叱之曰：「卿便谓殿下真有是邪？殿下幼尝患风，或是疾动耳。」劭愈怒，因眄淑曰：「事当克不？」淑曰：「居不疑之地，何患不克！但恐既克之后，不为天地所容，大祸亦旋至耳。假有此谋，犹将可息。」左右引淑出，曰：「此何事，而云可罢乎！」淑还省，绕床行，至四更乃寝。

甲子，宫门未开，劭以朱衣加戎服上，乘画轮车，与萧斌共载，卫从如常入朝之仪。呼袁淑甚急，淑眠不起，劭停车奉化门催之相续。淑徐起，至车后，劭使登车，又

辞不上，劭命左右杀之。守门开，从万春门入。旧制，东宫队不得入城。劭以伪诏示门卫曰：「受敕，有所收讨。」令后队速来。张超之等数十人驰入云龙门及斋阁，拔刀径上合殿。帝其夜与徐湛之屏人语至旦，烛犹未灭，门阶户席直卫兵尚寝未起。帝见超之入，举几捍之，五指皆落，遂弑之。湛之惊起，趣北户，未及开，兵人杀之。劭进至合殿中閤，闻帝已殂，出坐东堂，萧斌执刀侍直，呼中书舍人顾嘏，嘏震惧，不时出，既至，问曰：「欲共见废，何不早启？」嘏未及答，即于前斩之。江湛直上省，闻喧噪声，叹曰：「不用王僧绰言，以至于此！」乃匿傍小屋中，劭遣兵就杀之。宿卫旧将罗训、徐罕皆望风屈附。左细仗主、广威将军吴兴卜天与不暇被甲，执刀持弓，疾呼左右出战。徐罕曰：「殿下入，汝欲何为！」天与骂曰：「殿下常来，云何于今乃作此语！只汝是贼！」手射劭于东堂，几中之。劭党击之，断臂而死。队将张泓之、朱道钦、陈满与天与俱战死。左卫将军尹弘惶怖通启，求受处分。劭使人从东閤入，杀潘淑妃及太祖亲信左右数十人，急召始兴王濬使帅众屯中堂。

濬时在西州，府舍人朱法瑜告濬曰：「台内喧噪，宫门皆闭，道上传太子反，未测祸变所至。」濬阳惊曰：「今当奈何？」法瑜劝入据石头。濬未得劭信，不知事之济不，骚扰不知所为。将军王庆曰：「今宫内有变，未知主上安危，凡在臣子，当投袂赴难；

凭城自守，非臣节也。」濬不听，乃从南门出，径向石头，文武从者千馀人。时南平王铄戍石头，兵士亦千馀人。俄而劭遣张超之驰马召濬，濬屏人问状，即戎服乘马而去。朱法瑜固止濬，濬不从；出中门，王庆又谏曰：「太子反逆，天下怨愤。明公但当坚闭城门，坐食积粟，不过三日，凶党自离。公情事如此，今岂宜去！」濬曰：「皇太子令，敢有复言者斩！」既入，见劭，劭谓濬曰：「潘淑妃遂为乱兵所害。」濬曰：「此是下情由来所愿。」

劭诈以太祖诏召大将军义恭、尚书令何尚之入，拘于内；并召百官，至者才数十人。劭遽即位；下诏曰：「徐湛之、江湛弑逆无状，吾勒兵入殿，已无所及，号惋崩衄，肝心破裂。今罪人斯得，元凶克殄，可大赦，改元太初。」

即位毕，亟称疾还永福省，不敢临丧；以白刃自守，夜则列灯以防左右。以萧斌为尚书仆射、领军将军，以何尚之为司空，前右卫率檀和之戍石头，征虏将军营道侯义綦镇京口。义綦，义庆之弟也。乙丑，悉收先给诸处兵还武库，杀江、徐亲党尚书左丞荀赤松、右丞臧凝之等。凝之，焘之孙也。以殷仲素为黄门侍郎，王正见为左军将军，张超之、陈叔儿等皆拜官、赏赐有差。辅国将军鲁秀在建康，劭谓秀曰：「徐湛之常欲相危，我已为卿除之矣。」使秀与屯骑校尉庞秀之对掌军队。劭不知王僧绰之谋，以僧绰为吏部尚书，司徒左长史何偃为侍中。

武陵王骏屯五洲，沈庆之自巴水来，咨受军略。三月，乙亥，典签董元嗣自建康至五洲，具言太子杀逆，骏使元嗣以告僚佐。沈庆之密谓腹心曰：「萧斌妇人，其馀将帅，皆易与耳。东宫同恶，不过三十人；此外屈逼，必不为用。今辅顺讨逆，不忧不济也。」

壬午，魏主尊保太后为皇太后，追赠祖考，官爵兄弟，皆如外戚。

太子劭分浙东五郡为会州，省扬州，立司隶校尉，以其妃父殷冲为司隶校尉。冲，融之曾孙也。以大将军义恭为太保，荆州刺史南谯王义宣为太尉，始兴王濬为骠骑将军，雍州刺史臧质为丹阳尹，会稽太守随王诞为会州刺史。

劭料检文帝巾箱及江湛家书疏，得王僧绰所启飨士并前代故事，甲申，收僧绰，杀之。僧绰弟僧虔为司徒左西属，所亲咸劝之逃，僧虔泣曰：「吾兄奉国以忠贞，抚我以慈爱，今日之事，苦不见及耳；若得同归九泉，犹羽化也。」劭因诬北第诸王侯，云与僧绰谋反，杀长沙悼王瑾、瑾弟临川哀王烨、桂阳孝侯觊、新渝怀侯玠，皆劭素所恶也。瑾，义欣之子；烨，义庆之子；觊、玠，义庆之弟子也。

劭密与沈庆之手书，令杀武陵王骏。庆之求见王，王惧，辞以疾。庆之突入，以劭

书示王，王泣求入内与母诀，庆之曰：「下官受先帝厚恩，今日之事，惟力是视；殿下何见疑之深！」王起再拜曰：「家国安危，皆在将军。」庆之即命内外勒兵。府主簿颜竣曰：「今四方未知义师之举，劭据有天府，若首尾不相应，此危道也。宜待诸镇协谋，然后举事。」庆之厉声曰：「今举大事，而黄头小儿皆得参预，何得不败！宜斩以徇众！」王令竣拜谢庆之，庆之曰：「君但当知笔札事耳！」于是专委庆之处分。旬日之间，内外整办，人以为神兵。竣，延之之子也。

庚寅，武陵王戒严誓众。以沈庆之领府司马；襄阳太守柳元景、随郡太守宗悫为咨议参军，领中兵；江夏内史朱修之行平东将军；记室参军颜竣为咨议参军，领录事，兼总内外；以咨议参军刘延孙为长史、寻阳太守，行留府事。延孙，道产之子也。

南谯王义宣及臧质皆不受劭命，与司州刺史鲁爽同举兵以应骏。质、爽俱诣江陵见义宣，且遣使劝进于王。辛卯，臧质子敦等在建康者闻质举兵，皆逃亡。劭欲相慰悦，下诏曰：「臧质，国戚勋臣，方翼赞京辇，而子弟波迸，良可怪叹。可遣宣譬令还，咸复本位。」劭寻录得敦，使大将军义恭行训杖三十，厚给赐之。

癸巳，劭葬太祖于长宁陵，谥曰景皇帝，庙号中宗。

乙未，武陵王发西阳；丁酉，至寻阳。庚子，王命颜竣移檄四方，使共讨劭。州郡承檄，翕然响应。南谯王义宣遣臧质引兵诣寻阳，与骏同下，留鲁爽于江陵。

劭以兖、冀二州刺史萧思话为徐、兖二州刺史，起张永为青州刺史。思话自历城引部曲还平城，起兵以应寻阳；建武将军垣护之在历城，亦帅所领赴之。南谯王义宣版张永为冀州刺史。永遣司马崔勋之等将兵赴义宣。义宣虑萧思话与永不释前憾，自为书与思话，使长史张畅为书与永，劝使相与坦怀。

随王诞将受劭命，参军事沈正说司马顾琛曰：「国家此祸，开辟未闻。今以江东骁锐之众，唱大义于天下，其谁不响应！岂可使殿下北面凶逆，受其伪宠乎！」琛曰：「江东忘战日久，虽逆顺不同，然强弱亦异，当须四方有义举者，然后应之，不为晚也。」正曰：「天下未尝有无父无君之国，宁可自安仇耻而责义于馀方乎！今正以弑逆冤酷，义不共戴天，举兵之日，岂求必全邪！冯衍有言：「大汉之贵臣，将不如荆、齐之贱士乎！」况殿下义兼臣子，事实国家者哉！」琛乃与正共入说诞，诞从之。正，田子之兄子也。

劭自谓素习武事，语朝士曰：「卿等但助我理文书，勿措意戎旅；若有寇难，吾自当之，但恐贼虏不敢动耳。」及闻四方兵起，始忧惧，戒严，悉召下番将吏，迁淮南岸居民于北岸，尽聚诸王及大臣于城内，移江夏王义恭处尚书下舍，分义恭诸子处侍中下

省。

夏，四月，癸卯朔，柳元景统宁朔将军薛安都等十二军发湓口，司空中兵参军徐遗宝以荆州之众继之。丁未，武陵王发寻阳，沈庆之总中军以从。

劭立妃殷氏为皇后。

庚戌，武陵王檄书至建康，劭以示太常颜延之曰：「彼谁笔也？」延之曰：「竣之笔也。」劭曰：「言辞何至于是！」延之曰：「竣尚不顾老臣，安能顾陛下！」劭怒稍解。悉拘武陵王子于侍中下省，南谯王义宣子于太仓空舍。劭欲尽杀三镇士民家口，江夏王义恭、何尚之皆曰：「凡举大事者不顾家；且多是驱逼，今忽诛其室累，正足坚彼意耳。」劭以为然，乃下书一无所问。

劭疑朝廷旧臣皆不为己用，乃厚抚鲁秀及右军参军王罗汉，悉以军事委之；以萧斌为谋主，殷冲掌文符。萧斌劝劭勒水军自上决战，不尔则保据梁山。江夏王义恭以南军仓猝，船舫陋小，不利水战，乃进策曰：「贼骏小年未习军旅，远来疲弊，宜以逸待之。今远出梁山，则京都空弱，东军乘虚，或能为患。若分力两赴，则兵散势离，不如养锐待期，坐而观衅。割弃南岸，栅断石头，此先朝旧法，不忧贼不破也。」劭善之。斌厉色曰：「南中郎二十年少，能建如此大事，岂复可量！三方同恶，势据上流；沈庆之甚练军事，柳元景、宗悫屡尝立功。形势如此，实非小敌。唯宜及人情未离，尚可决力一战；端坐台城，何由得久！今主，咸无战意，岂非天也！」劭不听。或劝劭保石头城，劭曰：「昔人所以固石头城者，俟诸侯勤王耳。我若守此，谁当见救！唯应力战决之；不然，不克。」日日自出行军，慰劳将士，亲督都水治船舰。壬子，焚淮南岸室屋、淮内船舫，悉驱民家渡水北。

立子伟之为皇太子。以始兴王濬妃父褚湛之为丹阳尹。湛之，裕之之兄子也。濬为侍中、中书监、司徒、录尚书六条事，加南平王铄开府仪同三司，以南兖州刺史建平王宏为江州刺史。太尉司马庞秀之自石头先众南奔，人情由是大震。以营道侯义綦为湘州刺史，檀和之为雍州刺史。

癸丑，武陵王军于鹊头。宣城太守王僧达得武陵王檄，未知所从。客说之曰：「方今衅逆滔天，古今未有。为君计，莫若承义师之檄，移告傍郡。苟在有心，谁不响应！此上策也。如其不能，可躬帅向义之徒，详择水陆之便，致身南归，亦其次也。」僧达乃自候道南奔，逢武陵王于鹊头。王即以为长史。僧达，弘之子也。王初发寻阳，沈庆之谓人曰：「王僧达必来赴义。」人问其故，庆之曰：「吾见其在先帝前议论开张，执意明决；以此言之，其至必也。」

柳元景以舟舰不坚，惮于水战，乃倍道兼行，丙辰，至江宁步上，使薛安都帅铁骑曜兵于淮上，移书朝士，为陈逆顺。

劭加吴兴太守汝南周峤冠军将军。随王诞檄亦至，峤素恇怯，回惑不知所从；府司马丘珍孙杀之，举郡应诞。

戊午，武陵王至南洲，降者相属；己未，军于溧洲。王自发寻阳，有疾，不能见将佐，唯颜竣出入卧内，拥王于膝，亲视起居。疾屡危笃，不任咨禀，竣皆专决。军政之外，间以文教书檄，应接遐迩，昏晓临哭，若出一人。如是累旬，自舟中甲士亦不知王之危疾也。

癸亥，柳元景潜至新亭，依山为垒。新降者皆劝元景速进，元景曰：『不然。理顺难恃，同恶相济，轻进无防，实启寇心。』

元景营未立，劭龙骧将军詹叔儿觇知之，劝劭出战，劭不许。甲子，劭使萧斌统步军，褚湛之统水军，与鲁秀、王罗汉、刘简之等精兵合万人，攻新亭垒，劭自登朱雀门督战。元景宿令军中曰：『鼓繁气易衰，叫数力易竭；但衔枚疾战，一听吾鼓声。』劭将士怀劭重赏，皆殊死战。元景水陆受敌，意气弥强，麾下勇士，悉遣出斗，左右唯留数人宣传。劭兵势垂克，鲁秀击退鼓，劭众遽止。元景乃开垒鼓噪以乘之，劭众大溃，坠淮死者甚多。劭更帅馀众，自来攻垒，元景复大破之，所杀伤过于前战，士卒争赴死马涧，涧为之溢；劭手斩退者，不能禁。刘简之死，萧斌被创，劭仅以身免，走还宫。鲁秀、褚湛之、檀和之皆南奔。

丙寅，武陵王至江宁。丁卯，江夏王义恭单骑南奔；劭杀义恭十二子。

劭、濬忧迫无计，以辇迎蒋侯神像置宫中，稽颡乞恩，拜为大司马，封钟山王；拜苏侯神为骠骑将军。以濬为南徐州刺史，与南平王铄并录尚书事。

戊辰，武陵王军于新亭，大将军义恭上表劝进。散骑侍郎徐爰在殿中诳劭，云自追义恭，遂归武陵王。时王军府草创，不晓朝章；爰素所谙练。乃以爰兼太常丞，撰即位仪注。己巳，王即皇帝位，大赦。文武赐爵一等，从军者二等。改谥大行皇帝曰文，庙号太祖。以大将军义恭为太尉、录尚书六条事、南徐州刺史。是日，劭亦临轩拜太子伟之，大赦，唯刘骏、义恭、义宣、诞不在原例。庚子，以南谯王义宣为中书监、丞相、录尚书六条事、扬州刺史，随王诞为卫将军、开府仪同三司、荆州刺史，臧质为车骑将军、开府仪同三司、江州刺史，沈庆之为领军将军，萧思话为尚书左仆射。壬申，以王僧达为右仆射，柳元景为侍中、左卫将军，宗悫为右卫将军，张畅为吏部尚书，刘延孙、颜竣并为侍中。

五月，癸酉朔，臧质以雍州兵二万至新亭。豫州刺史刘遵考遣其将夏侯献之帅步骑五千军于瓜步。

先是，世祖遣宁朔将军顾彬之将兵东入，受随王诞节度。诞遣参军刘季之将兵与彬之俱向建康，诞自顿西陵，为之后继。劭遣殿中将军燕钦等拒之，相遇于曲阿奔牛塘，钦等大败。劭于是缘淮树栅以自守，又决破岗、方山埭以绝东军。时男丁既尽，召妇女供役。

甲戌，鲁秀等募勇士攻大航，克之。王罗汉闻官军已渡，即放仗降，缘渚幢队以次奔散，器仗鼓盖充塞路衢。是夜，劭闭守六门，于门内凿堑立栅；城中沸乱，丹阳尹尹弘等文武将吏争逾城出降。劭烧辇及衮冕服于宫庭。萧斌宣令所统，皆使解甲，自石头戴白幡来降；诏斩斌于军门。濬劝劭载宝货逃入海，劭以人情离散，不果行。

乙亥，辅国将军朱修之克东府，丙子，诸军克台城，各由诸门入会于殿庭，获王正见，斩之。张超之走至合殿御床之所，为军士所杀，刳肠割心，诸将脔其肉，生啖之。建平等七王号哭俱出。劭穿西垣，入武库井中，队副高禽执之。劭曰：「天子何在？」禽曰：「近在新亭。」至殿前，臧质见之恸哭，劭曰：「天地所不覆载，丈人何为见哭？」又谓质曰：「可得为启乞远徙不？」质曰：「主上近在航南，自当有处分。」缚劭于马上，防送军门。时不见传国玺，以问劭，劭曰：「在严道育处。」就取，得之。斩劭及四子于牙下。濬帅左右数十人挟南平王铄南走，遇江夏王义恭于越城。濬下马曰：「南中郎今何所作？」义恭曰：「上已君临万国。」又曰：「虎头来得无晚乎？」义恭曰：「殊当恨晚。」又曰：「故当不死邪？」义恭曰：「可诣行阙请罪。」又曰：「未审能赐一职自效不？」义恭又曰：「此未可量。」勒与俱归，于道斩之，及其三子。劭、濬父子首并枭于大航，暴尸于市。劭妃殷氏及劭、濬诸女、妾媵，皆赐死于狱。污潴劭所居斋。殷氏且死，谓狱丞江恪曰：「汝家骨肉相残，何以枉杀无罪人？」恪曰：「受拜皇后，非罪而何？」殷氏曰：「此权时耳，当以鹦鹉为后。」褚湛之之南奔也，濬即与褚妃离绝，故免于诛。严道育、王鹦鹉并都街鞭杀，焚尸，扬灰于江。殷冲、尹弘、王罗汉及淮南太守沈璞皆伏诛。

庚辰，解严。辛巳，帝如东府，百官请罪，诏释之。甲申，尊帝母路淑媛为皇太后。太后，丹阳人也。乙酉，立妃王氏为皇后。后父偃，导之玄孙也。戊子，以柳元景为雍州刺史。辛卯，追赠袁淑为太尉，谥忠宪公；徐湛之为司空，谥忠烈公；江湛为开府仪同三司，谥忠简公；王僧绰为金紫光禄大夫，谥简侯。壬辰，以太尉义恭为扬、南徐二州刺史，进位太傅，领大司马。

初，劭以尚书令何尚之为司空、领尚书令，子征北长史偃为侍中，父子并居权要。及劭败，尚之左右皆散，自洗黄閤。殷冲等既诛，人为之寒心。帝以尚之、偃素有令誉，且居劭朝用智将迎，时有全脱，故特免之，复以尚之为尚书令，偃为大司马长史，位遇无改。

甲午，帝谒初宁、长宁陵。追赠卜天与益州刺史，谥壮侯，与袁淑等四家，长给禀禄。张泓之等各赠郡守。戊戌，以南平王铄为司空，建平王宏为尚书左仆射，萧思话为中书令、丹阳尹。六月，丙午，帝还宫。

初，帝之讨西阳蛮也，臧质使柳元景将兵会之。及质起兵，欲奉南谯王义宣为主，潜使元景帅所领西还，元景即以质书呈帝，语其信曰：『臧冠军当是未知殿下义举耳。方应伐逆，不容西还。』质以此恨之。及元景为雍州，质虑其为荆、江后患，建议元景当为爪牙，不宜远出。帝重违其言，戊申，以元景为护军将军，领石头戍事。

己酉，以司州刺史鲁爽为南豫州刺史。庚戌，以卫军司马徐遗宝为兖州刺史。

庚申，诏有司论功行赏，封颜竣等为公、侯。

辛未，徙南谯王义宣为南郡王，随王诞为竟陵王，立义宣次子宜阳侯恺为南谯王。

闰月，壬申，以领军将军沈庆之为南兖州刺史，镇盱眙。癸酉，以柳元景为领军将军。

乙亥，魏太皇太后赫连氏殂。

丞相义宣固辞内任及子恺王爵。甲午，更以义宣为荆、湘二州刺史，恺为宜阳县王，将佐以下并加赏秩。以竟陵王诞为扬州刺史。

秋，七月，辛丑朔，日有食之。甲寅，诏求直言。辛酉，诏省细作并尚方雕文涂饰；贵戚竞利，悉皆禁绝。

中军录事参军周朗上疏，以为：『毒之在体，必割其缓处。历下、泗间，不足戍守。议者必以为胡衰不足避，而不知我之病甚于胡矣。今空守孤城，徒费财役。使虏但发轻骑三千，更互出入，春来犯麦，秋至侵禾，水陆漕输，居然复绝；于贼不劳而边已困，不至二年，卒散民尽，可跷足而待也。今人知不以羊追狼、蟹捕鼠，而令重车弱卒与肥马悍胡相逐，其不能济固宜矣。又，三年之丧，天下之达丧；汉氏节其臣则可矣，薄其子则乱也。凡法有变于古而刻于情，则莫能顺焉；至乎败于礼而安于身，必遽而奉之。今陛下以大孝始基，宜反斯谬。又，举天下以奉一君，何患不给？一体炫金，不及百两，一岁美衣，不过数袭；而必收宝连椟，集服累笥，目岂常视，身未时亲，是椟带宝、笥著衣也，何糜蠹之剧，惑鄙之甚邪！且细作始并，以为俭节；而市造华怪，即传

于民。如此，则迁也，非罢也。凡厥庶民，制度日侈，见车马不辨贵贱，视冠服不知尊卑。尚方今造一物，小民明已睥睨；宫中朝制一衣，庶家晚已裁学。侈丽之源，实先宫阃。又，设官者宜官称事立，人称官置。王侯识未堪务，不应强仕。且帝子未官，人谁谓贱？但宜详置宾友，茂择正人，亦何必列长史、参军、别驾从事，然后为贵哉！又，俗好以毁沈人，不察其所以致毁；以誉进人，不察其所以致誉。毁徒皆鄙，则宜擢其毁者；誉党悉庸，则宜退其誉者。如此，则毁誉不妄，善恶分矣。凡无世不有言事，无时不有下令。然升平不至，昏危相继，何哉？设令之本非实故也。」书奏，忤旨，自解去职。朗，峤之弟也。

侍中谢庄上言：「诏云：『贵戚竞利，悉皆禁绝。』此实允惬民听。若有犯违，则应依制裁纠；若废法申恩，便为明诏既下而声实乖爽也。臣愚谓大臣在禄位者，尤不宜与民争利。不审可得在此诏不？」庄，弘微之子也。

上多变易太祖之制，郡县以三周为满，宋之善政，于是乎衰。

乙丑，魏濮阳王闾若文、征西大将军永昌王仁皆坐谋叛，仁赐死于长安，若文伏诛。

南平穆王铄素负才能，意常轻上；又为太子劭所任，出降最晚。上潜使人毒之，己巳，铄卒，赠司徒，以商臣之谥谥之。

南海太守萧简据广州反。简，斌之弟也。诏新南海太守南昌邓琬、始兴太守沈法系讨之。法系，庆之之从弟也。简诳其众曰：「台军是贼劭所遣。」众信之，为之固守。琬先至，止为一攻道；法系至，曰：「宜四面并攻；若守一道，何时可拔！」琬不从。法系曰：「更相申五十日。」日尽又不克，乃从之。八道俱攻，一日即破之。九月，丁卯，斩简，广州平。法系封府库付琬而还。

冬，十一月，丙午，以左军将军鲁秀为司州刺史。

辛酉，魏主如信都、中山。

十二月，癸未，以将置东宫，省太子率更令等官，中庶子等各减旧员之半。

甲午，魏主还平城。

资治通鉴卷第一百二十八

宋纪十 起阏逢敦牂，尽著雍阉茂，凡五年。

世祖孝武皇帝上

孝建元年（甲午，公元四五四年）

春，正月，己亥朔，上祀南郊，改元，大赦。甲辰，以尚书令何尚之为左光禄大夫、护军将军，以左卫将军颜竣为吏部尚书、领骁骑将军。

壬戌，更铸孝建四铢钱。

乙丑，魏以侍中伊馛为司空。

丙子，立皇子子业为太子。

初，江州刺史臧质，自谓人才足为一世英雄；太子劭之乱，质潜有异图，以荆州刺史南郡王义宣庸暗易制，欲外相推奉，因而覆之。质于义宣为内兄，既至江陵，即称名拜义宣。义宣惊愕问故，质曰：「事中宜然。」时义宣已奉帝为主，故其计不行。及至新亭，又拜江夏王义恭，曰：「天下屯危，礼异常日。」

劭既诛，义宣与质功皆第一，由是骄恣，事多专行，凡所求欲，无不必从。义宣在荆州十年，财富兵强；朝廷所下制度，意有不同，一不遵承。质自建康之江州，舫千馀

乘，部伍前后百馀里。帝方自揽威权，而质以少主遇之，政刑庆赏，一不咨禀。擅用湓口、钩圻米，台符屡加检诘，渐致猜惧。

帝淫义宣诸女，义宣由是恨怒。质乃遣密信说义宣，以为：「负不赏之功，挟震主之威，自古能全者有几？今万物系心于公，声迹已著；见几不作，将为他人所先。若命徐遗宝、鲁爽驱西北精兵来屯江上，质帅九江楼船为公前驱，已为得天下之半。公以八州之众，徐进而临之，虽韩、白更生，不能为建康计矣。且少主失德，闻于道路；沈、柳诸将，亦我之故人，谁肯为少主尽力者？夫不可留者年也，不可失者时也。质常恐溘先朝露，不得展其旅力，为公扫除，于时悔之何及。」义宣腹心将佐咨议参军蔡超、司马竺超民等咸有富贵之望，欲倚质威名以成其业，共劝义宣从其计。质女为义宣子采之妇。义宣谓质无复异同，遂许之。超民，夔之子也。臧敦时为黄门侍郎，帝使敦至义宣所，道经寻阳，质更令敦说诱义宣，义宣意遂定。」

豫州刺史鲁爽有勇力，义宣、质素与之相结。义宣密使人报爽及兖州刺史徐遗宝，期以今秋同举兵。使者至寿阳，爽方饮醉，失义宣指，即日举兵。爽弟瑜在建康，闻之，逃叛。爽使其众戴黄标，窃造法服，登坛，自号建平元年；疑长史韦处穆、中兵参军杨元驹、治中庾腾之不与己同，皆杀之。徐遗宝亦勒兵向彭城。

二月，义宣闻爽已反，狼狈举兵。鲁瑜弟弘为质府佐，帝敕质收之，质即执台使，举兵。

义宣与质皆上表，言为左右所谗疾，欲诛君侧之恶。义宣进爽号征北将军。爽于是送所造舆服诣江陵，使征北府户曹版义宣等，文曰："丞相刘，今补天子，名义宣；东骑臧，今补丞相，名质；平西朱，今补车骑，名修之。皆版到奉行。"义宣骇愕，爽所送法物并留竟陵，不听进。质加鲁弘辅国将军，下戍大雷。义宣遣咨议参军刘谌之将万人就弘，召司州刺史鲁秀，欲使为谌之后继。秀至江陵见义宣，出，拊膺曰："吾兄误我，乃与痴人作贼，今年败矣！"

义宣兼荆、江、兖、豫四州之力，威震远近。帝欲奉乘舆法物迎之，竟陵王诞固执不可，曰："奈何持此座与人！"乃止。

己卯，以领军将军柳元景为抚军将军；辛卯，以左卫将军王玄谟为豫州刺史。命元景统玄谟等诸将以讨义宣。癸巳，进据梁山洲，于两岸筑偃月垒，水陆待之。义宣自称都督中外诸军事，命僚佐悉称名。

甲午，魏主诣道坛受图箓。

丙申，以安北司马夏侯祖欢为兖州刺史。三月，己亥，内外戒严。辛丑，以徐州刺史萧思话为江州刺史，柳元景为雍州刺史。癸卯，以太子左卫率庞秀之为徐州刺史。

义宣移檄州郡，加进位号，使同发兵。雍州刺史朱修之伪许之，而遣使陈诚于帝。益州刺史刘秀之斩义宣使者，遣中兵参军韦崧将万人袭江陵。

戊申，义宣帅众十万发江津，舳舻数百里。以子慆为辅国将军，与左司马竺超民留镇江陵。檄朱修之使发兵万人继进，修之不从。义宣知修之贰于己，乃以鲁秀为雍州刺史，使将万余人击之。王玄谟闻秀不来，喜曰："臧质易与耳！"

冀州刺史垣护之妻，徐遗宝之姊也。遗宝邀护之同反，护之不从，发兵击之。遗宝遣兵袭徐州长史明胤于彭城，不克。胤与夏侯祖欢、垣护之共击遗宝于湖陆，遗宝弃众焚城，奔鲁爽。

义宣至寻阳，以质为前锋而进，爽亦引兵直趣历阳，与质水陆俱下。殿中将军沈灵赐将百舸，破质前军于南陵，擒军主徐庆安等。质至梁山，夹陈两岸，与官军相拒。

夏，四月，戊辰，以后将军刘义綦为湘州刺史；甲申，以朱修之为荆州刺史。

上遣左军将军薛安都、龙骧将军南阳宗越等戍历阳，与鲁爽前锋杨胡兴等战，斩之。爽不能进，留军大岘，使鲁瑜屯小岘。上复遣镇军将军沈庆之济江，督诸将讨爽；爽食少，引兵稍退，自留断后。庆之使薛安都帅轻骑追之，丙戌，及爽于小岘。爽将

战，饮酒过醉，安都望见爽，即跃马大呼，直往刺之，应手而倒，左右范双斩其首。爽众奔散，瑜亦为部下所杀。遂进攻寿阳，克之。徐遗宝奔东海，东海人杀之。

李延寿论曰：「凶人之济其身，非世乱莫由焉。鲁爽以乱世之情，而行之于平日，其取败也宜哉！

南郡王义宣至鹊头，庆之送爽首示之，并与书曰：「仆荷任一方，而衅生所统。近聊帅轻师，指往翦扑，军锋裁及，贼爽授首。公情契异常，或欲相见，及其可识，指送相呈。」爽累世将家，骁猛善战，号万人敌。义宣与质闻其死，皆骇惧。

柳元景军于采石；王玄谟以臧质众盛，遣使来求益兵，上使元景进屯姑孰。

太傅义恭与义宣书曰：「往时仲堪假兵，灵宝寻害其族；孝伯推诚，牢之旋踵而败。臧质少无美行，弟所具悉。今藉西楚之强力，图济其私；凶谋若果，恐非复池中物也。」义宣由此疑之。五月，甲辰，义宣至芜湖，质进计曰：「今以万人取南州，则梁山中绝；万人缀梁山，则玄谟必不敢动；下官中流鼓棹，直趣石头，此上策也。」义宣将从之。刘谌之密言于义宣曰：「质求前驱，此志难测。不如尽锐攻梁山，事克然后长驱，此万安之计也。」义宣乃止。

冗从仆射胡子反等守梁山西垒，会西南风急，质遣其将尹周之攻西垒；子反方渡东岸就玄谟计事，闻之，驰归。周之攻垒甚急，偏将刘季之帅水军殊死战，求救于玄谟，玄谟不遣；大司马参军崔勋之固争，乃遣勋之与积弩将军垣询之救之。比至，城已陷，勋之、询之皆战死。询之，护之之弟也。子反等奔还东岸。质又遣其将庞法起将数千兵趋南浦，欲自后掩玄谟，游击将军垣护之引水军与战，破之。

朱修之断马鞍山道，据险自守。鲁秀攻之不克，屡为修之所败，乃还江陵，修之引兵蹑之。或劝修之急追，修之曰：「鲁秀，骁将也；兽穷则攫，不可迫也。」

王玄谟使垣护之告急于柳元景曰：「西城不守，唯馀东城万人。贼军数倍，强弱不敌。欲退还姑孰，就节下协力当之，更议进取。」元景不许，曰：「贼势方盛，不可先退，吾当卷甲赴之。」护之曰：「贼谓南州有三万人，而将军麾下裁十分之一，若往造贼垒，则虚实露矣。王豫州必不可来，不如分兵援之。」元景曰：「善！」乃留羸弱自守，悉遣精兵助玄谟，多张旗帜。梁山望之如数万人，皆以为建康兵悉至，众心乃安。

质请自攻东城。咨议参军颜乐之说义宣曰：「质若复克东城，则大功尽归之矣；宜遣麾下自行。」义宣乃遣刘谌之与质俱进。甲寅，义宣至梁山，顿兵西岸，质与刘谌之进攻东城。玄谟督诸军大战，薛安都帅突骑先冲其陈之东南，陷之，斩谌之首，刘季之、宗越又陷其西北，质等兵大败。垣护之烧江中舟舰，烟焰覆水，延及西岸，营垒殆

尽；诸军乘势攻之，义宣兵亦溃。义宣单舸迸走，闭户而泣，荆州人随之者犹百馀舸。质欲见义宣计事，而义宣已去。质不知所为，亦走，其众皆降散。己未，解严。

癸亥，以吴兴太守刘延孙为尚书右仆射。

六月，丙寅，魏主如阴山。

臧质至寻阳，焚烧府舍，载妓妾西走；使嬖人何文敬领馀兵居前，至西阳。西阳太守鲁方平绐文敬曰：『诏书唯捕元恶，馀无所问。不如逃之。』文敬弃众亡去。质先以妹夫羊冲为武昌郡，质往投之。冲已为郡丞胡庇之所杀，质无所归，乃逃于南湖。掇莲实啖之，追兵至，以荷覆头，自沉于水，出其鼻。戊辰，军主郑俱儿望见，射之，中心，兵刃乱至，肠胃萦水草，斩首送建康，子孙皆弃市，并诛其党豫章太守乐安任荟之、临川内史刘怀之、鄱阳太守杜仲儒。仲儒，骥之兄子也。功臣柳元景等封赏各有差。

丞相义宣走至江夏，闻巴陵有军，回向江陵，众散且尽，与左右十许人徒步，脚痛不能前，僦民露车自载，缘道求食。至江陵郭外，遣人报竺超民，超民具羽仪兵众迎之。时荆州带甲尚万馀人，左右翟灵宝诫义宣使抚慰将佐，以『臧质违指授之宜，用致失利。今治兵缮甲，更为后图。昔汉高百败，终成大业！』而义宣忘灵宝之言，误云『项羽千败』，众咸掩口。鲁秀、竺超民等犹欲收馀兵更图一决；而义宣惛沮，无复神守，入内不复出，左右腹心稍稍离叛。鲁秀北走，义宣不能自立，欲随秀去，乃携息慆及所爱妾五人著男子服相随。城内扰乱，白刃交横，义宣惧，坠马，遂步进；竺超民送至城外，更以马与之，归而城守。义宣求秀不得，左右尽弃之，夜，复还南郡空廨；旦日，超民收送刺奸。义宣止狱户，坐地叹曰：『臧质老奴误我！』五妾寻被遣出，义宣号泣，语狱吏曰：『常日非苦，今日分别始是苦。』鲁秀众散，不能去，还向江陵，城上人射之，秀赴水死，就取其首。

诏右仆射刘延孙使荆、江二州，旌别枉直，就行诛赏；且分割二州之地，议更置新州。

初，晋氏南迁，以扬州为京畿，谷帛所资皆出焉；以荆、江为重镇，甲兵所聚尽在焉，常使大将居之。三州户口，居江南之半，上恶其强大，故欲分之。癸未，分扬州浙东五郡置东扬州，治会稽；分荆、湘、江、豫州之八郡置郢州，治江夏；罢南蛮校尉，迁其营于建康。太傅义恭议使郢州治巴陵，尚书令何尚之曰：『夏口在荆、江之中，正对沔口，通接雍、梁，实为津要。由来旧镇，根基不易，既有见城，浦大容舫，于是为便。』上从之。既而荆、扬因此虚耗，尚之请复合二州，上不许。

戊子，省录尚书事。上恶宗室强盛，不欲权在臣下；太傅义恭知其指，故请省之。

上使王公、八座与荆州刺史朱修之书，令丞相义宣自为计。书未达，庚寅，修之入江陵，杀义宣，并诛其子十六人，及同党竺超民、从事中郎蔡超、谘议参军颜乐之等。超民兄弟应从诛，何尚之上言：「贼既遁走，一夫可擒。若超民反覆昧利，即当取之，非唯免愆，亦可要不义之赏。而超民曾无此意，微足观过知仁。且为官保全城府，谨守库藏，端坐待缚。今戮及兄弟，则与其馀逆党无异，于事为重。」上乃原之。

秋，七月，丙申朔，日有食之。

庚子，魏皇子弘生；辛丑，大赦，改元兴光。

丙辰，大赦。

八月，甲戌，魏赵王深卒。

乙亥，魏主还平城。

冬，十一月，戊戌，魏主如中山，遂如信都；十二月，丙子，还，幸灵丘，至温泉宫；庚辰，还平城。

二年（乙未，公元四五五年）

春，正月，魏车骑大将军乐平王拔有罪，赐死。

镇北大将军、南兖州刺史沈庆之请老；二月，丙寅，以为左光禄大夫、开府仪同三司。庆之固让，表疏数十上，又面自陈，乃至稽颡泣涕。上不能夺，听以始兴公就第，厚加给奉。顷之，上复欲用庆之，使何尚之往起之。尚之累陈上意，庆之笑曰：「沈公不效何公，往而复返。」尚之惭而止。辛巳，以尚书右仆射刘延孙为南兖州刺史。

夏，五月，戊戌，以湘州刺史刘遵考为尚书右仆射。

六月，壬戌，魏改元太安。

甲子，大赦。

甲申，魏主还平城。

秋，七月，癸巳，立皇弟休祐为山阳王，休茂为海陵王，休业为鄱阳王。

丙辰，魏主如河西。

雍州刺史武昌王浑与左右作檄文，自号楚王，改元永光，备置百官，以为戏笑。长史王翼之封呈其手迹。八月，庚申，废浑为庶人，徙始安郡。上遣员外散骑侍郎东海戴明宝诘责浑，因逼令自杀，时年十七。

丁亥，魏主还平城。

诏祀郊庙，初设备乐，从前殿中曹郎荀万秋之议也。

上欲削弱王侯。冬，十月，己未，江夏王义恭、竟陵王诞奏裁损王、侯车服、器用、乐舞制度，凡九事；上因讽有司奏增广为二十四条，听事不得南向坐；剑不得为鹿卢形；内史、相及封内官长止称下官，不得称臣，罢官则不复追敬。诏可。

庚午，魏以辽西王常英为太宰。

壬午，以太傅义恭领扬州刺史，竟陵王诞为司空、领南徐州刺史，建平王宏为尚书令。

是岁，以故氐王杨保宗子元和为征虏将军，杨头为辅国将军。头，文德之从祖兄也。元和虽杨氏正统，朝廷以其年幼才弱，未正位号，部落无定主。头先戍葭芦，母妻子弟并为魏所执，而头为宋坚守无贰心。雍州刺史王玄谟上言：「请以头为假节、西秦州刺史，用安辑其众。俟数年之后，元和稍长，使嗣故业。若元和才用不称，便应归头，头能藩扞汉川，使无虏患。彼四千户荒州殆不足惜。若葭芦不守，汉川亦无立理。」上不从。

三年（丙申，公元四五六年）

春，正月，庚寅，立皇弟休范为顺阳王，休若为巴陵王。戊戌，立皇子子尚为西阳王。

壬子，纳右卫将军何瑀女为太子妃。瑀，澄之曾孙也。甲寅，大赦。

乙卯，魏立贵人冯氏为皇后。后，辽西郡公朗之女也；朗为秦、雍二州刺史，坐事诛，后由是没入宫。

二月，丁巳，魏主立子弘为皇太子，先使其母李贵人条记所付托兄弟，然后依故事赐死。

甲子，以广州刺史宗悫为豫州刺史。故事，府州部内论事，皆签前直叙所论之事，置典签以主之。宋世诸皇子为方镇者多幼，时主皆以亲近左右领典签，典签之权稍重。至是，虽长王临藩，素族出镇，典签皆出纳教命，执其枢要，刺史不得专其职任。及悫为豫州，临安吴喜为典签。悫刑政所施，喜每多违执，悫大怒，曰：「宗悫年将六十，为国竭命，正得一州如斗大，不能复与典签共临之！」喜稽颡流血，乃止。

丁零数千家匿井陉山中为盗，魏选部尚书陆真与州郡合兵讨灭之。

闰月，戊午，以尚书左仆射刘遵考为丹阳尹。

癸酉，鄱阳哀王休业卒。

太傅义恭以南兖州刺史西阳王子尚有宠，将避之，乃辞扬州。秋，七月，解义恭扬州；丙子，以子尚为扬州刺史。时荧惑守南斗，上废西州旧馆，使子尚移治东城以厌

之。扬州别驾从事沈怀文曰：『天道示变，宜应之以德。』今虽空西州，恐无益也。』不从。怀文，怀远之兄也。

八月，魏平西将军渔阳公尉眷击伊吾，克其城，大获而还。

九月，壬戌，以丹阳尹刘遵考为尚书右仆射。

冬，十月，甲申，魏主还平城。

丙午，太傅义恭进位太宰，领司徒。

十一月，魏以尚书西平王源贺为冀州刺史，更赐爵陇西王。贺上言：『今北虏游魂，南寇负险，疆埸之间，犹须防戍。臣愚以为，自非大逆、赤手杀人，其坐赃盗及过误应入死者，皆可原宥，谪使守边；则是已断之体受更生之恩，徭役之家蒙休息之惠。』魏高宗从之。久之，谓群臣曰：『吾用贺言，一岁所活不少，增戍兵亦多。卿等人人如贺，朕何忧哉！』会武邑人石华告贺谋反，有司以闻，帝曰：『贺竭诚事国，朕为卿等保之，无此明矣。』命精加讯验。华果引诬，帝诛之，因谓左右曰：『以贺忠诚，犹不免诬谤，不及贺者可无慎哉！』

十二月，濮阳太守姜龙驹、新平太守杨自伦帅吏民弃郡奔魏。

上欲移青、冀二州并镇历城，议者多不同。青、冀二州刺史垣护之曰：『青州北有河、济，又多陂泽，非虏所向；每来寇掠，必由历城。二州并镇，此经远之略也。北又近河，归顺者易。近息民患，远申王威，安边之上计也。』由是遂定。

元嘉中，官铸四铢钱，轮郭、形制与五铢同，用费无利，故民不盗铸。及上即位，又铸孝建四铢，形式薄小，轮郭不成。于是盗铸者众，杂以铅、锡，翦凿古钱，钱转薄小。守宰不能禁，坐死、免者相继。盗铸益甚，物价踊贵，朝廷患之。去岁春，诏钱薄小无轮郭者悉不得行，民间喧扰。是岁，始兴郡公沈庆之建议，以为：『宜听民铸钱，郡县置钱署，乐铸之家皆居署内，平其准式，去其杂伪。去春所禁新品，一时施用，今铸悉依此格。万税三千，严检盗铸。』丹阳尹颜竣驳之，以为：『五铢轻重，定于汉世，魏、晋以降，莫之能改；诚以物货既均，改之伪生故也。今云去春所禁一时施用；若巨细总行而不从公铸，利己既深，情伪无极，私铸、翦凿尽不可禁，财货未赡，大钱已竭，数岁之间，悉为尘土矣。今新禁初行，品式未一，须臾自止，不足以垂圣虑；唯府藏空匮，实为重忧。今纵行细钱，官无益赋之理；百姓虽赡，无解官乏。唯简费去华，专在节俭，求赡之道，莫此为贵耳。』议者又以为『铜转难得，欲铸二铢钱。』竣曰：『议者以为官藏空虚，宜更改铸；天下铜少，宜减钱式以救交弊，赈国舒民。愚以为不然。今铸二铢，恣行新细，于官无解于乏，而民间奸巧大兴，天下之货将糜碎至尽；空

严立禁，而利深难绝，不一二年，其弊不可复救。民怨大钱之改，兼畏近日新禁，市井之间，必生纷扰。远利未闻，切患猥及，富商得志，贫民困窘，此皆甚不可者也。」乃止。

魏定州刺史高阳许宗之求取不节，深泽民马超谤毁宗之，宗之殴杀超，恐其家人告状，上超诋讪朝政。魏高宗曰：「此必妄也。朕为天下主，何恶于超而有此言！必宗之惧罪诬超。」案验，果然，斩宗之于都南。

金紫光禄大夫颜延之卒。延之子竣贵重，凡所资供，延之一无所受，布衣茅屋，萧然如故。常乘羸牛笨车，逢竣卤簿，即屏住道侧。常语竣曰：「吾平生不喜见要人，今不幸见汝！」竣起宅，延之谓曰：「善为之，无令后人笑汝拙也。」延之尝早诣竣，见宾客盈门，竣尚未起，延之怒曰：「汝出粪土之中，升云霞之上，遽骄傲如此，其能久乎！」竣丁父忧，裁逾月，起为右将军，丹杨尹如故。竣固辞，表十上；上不许，遣中书舍人戴明宝抱竣登车，载之郡舍，赐以布衣一袭，絮以彩纶，遣主衣就衣诸体。

大明元年（丁酉，公元四五七年）

春，正月，辛亥朔，改元，大赦。

壬戌，魏主畋于崞山；戊辰，还平城。

魏以渔阳王尉眷为太尉，录尚书事。

二月，魏人寇兖州，向无盐，败东平太守南阳刘胡。诏遣太子左卫率薛安都将骑兵，东阳太守沈法系将水军，向彭城以御之，并受徐州刺史申坦节度。比至，魏兵已去。先是，群盗聚任城荆榛中，累世为患，谓之「任榛」。申坦请回军讨之，上许之。任榛闻之，皆逃散。时天旱，人马渴乏，无功而还。安都、法系坐白衣领职。坦当诛，群臣为请，莫能得。沈庆之抱坦哭于市曰：「汝无罪而死。我哭汝于市，行当就汝矣！」有司以闻，上乃免之。

三月，庚申，魏主畋于松山；己巳，还平城。

魏主立其弟新成为阳平王。

上自即吉之后，奢淫自恣，多所兴造。丹阳尹颜竣以藩朝旧臣，数恳切谏争，无所回避，上浸不悦。竣自谓才足干时，恩旧莫比，当居中永执朝政；而所陈多不纳，疑上欲疏之，乃求外出以占上意。夏，六月，丁亥，诏以竣为东扬州刺史，竣始大惧。

癸卯，魏主如阴山。

雍州所统多侨郡县，刺史王玄谟上言：「侨郡县无有境土，新旧错乱，租课不时，请皆土断。」秋，七月，辛未，诏并雍州三郡十六县为一郡。郡县流民不愿属籍，讹言

玄谟欲反。时柳元景宗强，群从多为雍部二千石，乘声皆欲讨玄谟。玄谟令内外晏然以解众惑，驰使启上，具陈本末。上知其虚，遣主书吴喜抚慰之，且报曰：「七十老公，反欲何求！君臣之际，足以相保，聊复为笑，伸卿眉头耳。」玄谟性严，未尝妄笑，故上以此戏之。

八月，己亥，魏主还平城。

甲辰，徙司空、南徐州刺史竟陵王诞为南兖州刺史，以太子詹事刘延孙为南徐州刺史。初，高祖遗诏，以京口要地，去建康密迩，自非宗室近亲，不得居之。延孙之先虽与高祖同源，而高祖属彭城，延孙属莒县，从来不序昭穆。上既命延孙镇京口，仍诏与延孙合族，使诸王皆序长幼。

上闺门无礼，不择亲疏、尊卑，流闻民间，无所不至。诞宽而有礼，又诛太子劭、丞相义宣皆有大功，人心窃向之。诞多聚才力之士，蓄精甲利兵，上由是畏而忌之，不欲诞居中，使出镇京口；犹嫌其逼，更徙之广陵。以延孙腹心之臣，使镇京口以防之。

魏主将东巡，冬，十月，诏太宰常英起行宫于辽西黄山。

十二月，丁亥，更以顺阳王休范为桂阳王。

二年（戊戌，公元四五八年）

春，正月，丙午朔，魏设酒禁，酿、酤、饮者皆斩之；吉凶之会，听开禁，有程日。魏主以士民多因酒致斗及议国政，故禁之。增置内外候官，伺察诸曹及州、镇，或微服杂乱于府寺间，以求百官过失，有司穷治，讯掠取服；百官赃满二丈者皆斩。又增律七十九章。

乙卯，魏主如广宁温泉宫，遂巡平州；庚午，至黄山宫；二月，丙子，登碣石山，观沧海；戊寅，南如信都，畋于广川。

乙酉，以金紫光禄大夫褚湛之为尚书左仆射。

丙戌，建平宣简王宏以疾解尚书令；三月，丁未，卒。

丙辰，魏高宗还平城，起太华殿。是时，给事中郭善明，性倾巧，说帝大起宫室。中书侍郎高允谏曰：「太祖始建都邑，其所营立，必因农隙，况建国已久，永安前殿足以朝会，西堂、温室足以宴息，紫楼足以临望；纵有修广，亦宜驯致，不可仓猝。今计所当役凡二万人，老弱供饷，又当倍之，期半年可毕。一夫不耕，或受之饥，况四万人之劳费，可胜道乎！此陛下所宜留心也。」帝纳之。

允好切谏，朝廷事有不便，允辄求见，帝常屏左右以待之。或自朝至暮，或连日不

出；群臣莫知其所言。语或痛切，帝所不忍闻，命左右扶出，然终善遇之。时有上事为激讦者，帝省之，谓群臣曰：『君、父一也。父有过，子何不作书于众中谏之！而于私室屏处谏者，岂非不欲其父之恶彰于外邪！至于事君，何独不然！君有得失，不能面陈，而上表显谏，欲以彰君之短，明己之直，此岂忠臣所为乎！如高允者，乃真忠臣也。朕有过，未尝不面言，至有朕所不堪闻者，允皆无所避。朕知其过而天下不知，可不谓忠乎！』

允所与同征者游雅等皆至大官，封侯，部下吏至刺史、二千石者亦数十百人，而允为郎二十七年不徙官。帝谓群臣曰：『汝等虽执弓刀在朕左右，徒立耳，未尝有一言规正；唯伺朕喜悦之际，祈官乞爵，今皆无功而至王公。允执笔佐我国家数十年，为益不少，不过为郎，汝等不自愧乎！』乃拜允中书令。

时魏百官无禄，允常使诸子樵采以自给。司徒陆丽言于帝曰：『高允虽蒙宠待，而家贫，妻子不立。』帝曰：『公何不先言？今见朕用之，乃言其贫乎！』即日，至允第，惟草屋数间，布被，缊袍，厨中盐菜而已。帝叹息，赐帛五百匹，粟千斛，拜长子悦为长乐太守，允固辞，不许。帝重允，常呼为令公而不名。

游雅常曰：『前史称卓子康、刘文饶之为人，褊心者或不之信。余与高子游处四十年，未尝见其喜愠之色，乃知古人为不诬耳。高子内文明而外柔顺，其言呐呐不能出口。昔崔司徒尝谓余云：「高生丰才博学，一代佳士，所乏者，矫矫风节耳。」余亦以为然。及司徒得罪，起于纤微，诏指临责，司徒声嘶股栗，殆不能言；宗钦已下，伏地流汗，皆无人色。高子独敷陈事理，申释是非，辞义清辩，音韵高亮。人主为之动容，听者无不神耸，此非所谓矫矫者乎！宗爱方用事，威振四海。尝召百官于都坐，王公已下皆趋庭望拜，高子独升阶长揖。由此观之，汲长孺可以卧见卫青，何抗礼之有！此非所谓风节者乎！夫人固未易知；吾既失之于心，崔又漏之于外，此乃管仲所以致恸于鲍叔也。』

乙丑，魏东平成王陆俟卒。

夏，四月，甲申，立皇子子绥为安陆王。

帝不欲权在臣下，六月，戊寅，分吏部尚书置二人，以都官尚书谢庄、度支尚书吴郡顾觊之为之。又省五兵尚书。

初，晋世，散骑常侍选望甚重，与侍中不异；其后职任闲散，用人渐轻。上欲重其选，乃用当时名士临海太守孔觊、司徒长史王彧为之。侍中蔡兴宗谓人曰：『选曹要重，常侍闲淡，改之以名而不以实，虽主意欲为轻重，人心岂可变邪！』既而常侍之选

复卑，选部之贵不异。覬，琳之之孙；彧，谧之兄孙；兴宗，廓之子也。

裴子野论曰：官人之难，先王言之，尚矣。周礼，始于学校，论之州里，告诸六事，而后贡于王庭。其在汉家，州郡积其功能，五府举为掾属，三公参其得失，尚书奏之天子；一人之身，所阅者众，故能官得其才，鲜有败事。魏、晋易是，所失弘多。夫厚貌深衷，险如谿壑，择言观行，犹惧弗周，况今万品千群，俄折乎一面，庶僚百位，专断于一司，于是嚣风遂行，不可抑止。干进务得，兼加谄渎；无复廉耻之风，谨厚之操；官邪国败，不可纪纲，假使龙作纳言，舜居南面，而治致平章，不可必也，况后之官人者哉！孝武虽分曹为两，不能反之于周、汉，朝三暮四，其庸愈乎！

丙申，魏主畋于松山；秋，七月，庚午，如河西。

南彭城民高阇、沙门昙标以妖妄相扇，与殿中将军苗允等谋作乱，立阇为帝。事觉，甲辰，皆伏诛，死者数十人。于是下诏沙汰诸沙门，设诸科禁，严其诛坐；自非戒行精苦，并使还俗。而诸尼多出入宫掖，此制竟不能行。

中书令王僧达，幼聪警能文，而跌荡不拘。帝初践阼，擢为仆射，居颜、刘之右。自负才地，谓当时莫及，一二年间，即望宰相。既而迁护军，怏怏不得志，累启求出。上不悦，由是稍稍下迁，五岁七徙，再被弹削。僧达既耻且怨，所上表奏，辞旨抑扬，又好非议朝政，上已积愤怒。路太后兄子尝诣僧达，趋升其榻，僧达令舁弃之。太后大怒，固邀上令必杀僧达。会高阇反，上因诬僧达与阇通谋，八月，丙戌，收付廷尉，赐死。

沈约论曰：夫君子、小人，类物之通称，蹈道则为君子，违之则为小人。是以太公起屠钓为周师，傅说去版筑为殷相，明扬幽仄，唯才是与。逮于二汉，兹道未革；胡广累世农夫，致位公相；黄宪牛医之子，名重京师：非若晚代分为二途也。魏武始立九品，盖以论人才优劣，非谓世族高卑。而都正俗士，随时俯仰，凭藉世资，用相陵驾；因此相沿，遂为成法。周、汉之道，以智役愚，魏、晋以来，以贵役贱，士庶之科，较然有辨矣。

裴子野论曰：古者，德义可尊，无择负贩；苟非其人，何取世族！名公子孙，还齐布衣之伍；士庶虽分，本无华素之隔。自晋以来，其流稍改，草泽之士，犹显清途；降及季年，专限阀阅。自是三公之子，傲九棘之家，黄散之孙，蔑令长之室；转相骄矜，互争铢两，唯论门户，不问贤能。以谢灵运、王僧达之才华轻躁，使其生自寒宗，犹将覆折；重以怙其庞荫，召祸宜哉。

九月，乙巳，魏主还平城。

丙寅，魏大赦。

冬，十月，甲戌，魏主北巡，欲伐柔然，至阴山，会雨雪，魏主欲还，太尉尉眷曰：「今动大众以威北敌，去都不远而车驾遽还，虏必疑我有内难。将士虽寒，不可不进。」魏主从之，辛卯，军于车仑山。

积射将军殷孝祖筑两城于清水之东。魏镇西将军封敕文攻之，清口戍主、振威将军傅乾爱，拒破之。孝祖，羡之曾孙也。上遣虎贲主庞孟虬将兵救清口，青、冀二州刺史颜师伯遣中兵参军苟思达助之，败魏兵于沙沟。师伯，竣之族兄也。上遣司空参军卜天生将兵会傅乾爱及中兵参军江方兴共击魏兵，屡破之，斩魏将窟瑰公等数人。十一月，魏征西将军皮豹子等将三万骑助封敕文寇青州，颜师伯御之，辅国参军焦度刺豹子坠马，获其鎧矟具装，手杀数十人。度，本南安氐也。

魏主自将骑十万、车十五万两击柔然，度大漠，旌旗千里。柔然处罗可汗远遁，其别部乌朱驾颓等帅数千落降于魏。魏主刻石纪功而还。

初，上在江州，山阴戴法兴、戴明宝、蔡闲为典签；及即位，皆以为南台侍御史兼中书通事舍人。是岁，三典签并以初举兵预密谋，赐爵县男；闲已卒，追赐之。

时上亲览朝政，不任大臣；而腹心耳目，不得无所委寄。法兴颇知古今，素见亲待。鲁郡巢尚之，人士之末，涉猎文史，为上所知，亦以为中书通事舍人。凡选授迁徙诛赏大处分，上皆与法兴、尚之参怀；内外杂事，多委明宝。三人权重当时，而法兴、明宝大纳货贿，凡所荐达，言无不行，天下辐凑，门外成市，家产并累千金。

吏部尚书顾觊之独不降意于法兴等。蔡兴宗与觊之善，嫌其风节太峻，觊之曰：「辛毗有言：『孙、刘不过使吾不为三公耳。』」觊之常以为：「人禀命有定分，非智力可移，唯应恭己守道；而暗者不达，妄意侥幸，徒亏雅道，无关得丧。」乃以其意命弟子原著《定命论》以释之。

资治通鉴卷第一百二十九

宋纪十一 起屠维大渊献，尽阏逢执徐，凡六年。

世祖孝武皇帝下

大明三年（己亥，公元四五九年）

春，正月，己巳朔，兖州兵与魏皮豹子战于高平，兖州兵不利。

己丑，以骠骑将军柳元景为尚书令，右仆射刘遵考为领军将军。

己酉，魏河南公伊馛卒。

三月，乙卯，以扬州六郡为王畿，更以东扬州为扬州，徙治会稽，犹以星变故也。

三月，庚寅，以义兴太守垣阆为兖州刺史。阆，遵之子也。

夏，四月，乙巳，魏主立其弟子推为京兆王。

竟陵王诞知上意忌之，亦潜为之备；因魏人入寇，修城浚隍，聚粮治仗。诞记室参军江智渊知诞有异志，请假先还建康，上以为中书侍郎。智渊，夷之弟子也，少有操行。沈怀文每称之曰：「人所应有尽有，人所应无尽无者，其唯江智渊乎！」

是时，道路皆云诞反。会吴郡民刘成上书称：「息道龙昔事诞，见诞在石头城修乘舆法物，习唱警跸。道龙忧惧，私与伴侣言之，诞杀道龙。」又豫章民陈谈之上书称：

「弟咏之在诞左右，见诞书陛下年纪姓讳，往巫郑师怜家祝诅，咏之密以启闻，诞诬咏之乘酒骂詈，杀之。」上乃令有司奏诞罪恶，请收付廷尉治罪。乙卯，诏贬诞爵为侯，遣之国。诏书未下，先以羽林禁兵配兖州刺史垣阆，使以之镇为名，与给事中戴明宝袭诞。

阆至广陵，诞未悟也。明宝夜报诞典签蒋成，使明晨开门为内应。成以告府舍人许宗之，宗之入告诞；诞惊起，呼左右及素所畜养数百人执蒋成，勒兵自卫。天将晓，明宝与阆帅精兵数百人猝至，而门不开；诞已列兵登陴，自在门上斩蒋成，赦作徒、系囚，开门击阆，杀之，明宝从间道逃还。诏内外纂严。以始兴公沈庆之为车骑大将军、开府仪同三司、南兖州刺史，将兵讨诞。甲子，上亲总禁兵顿宣武堂。

司州刺史刘季之，诞故将也，素与都督宗悫有隙，闻诞反，恐为悫所害，委官，间道自归朝廷。至盱眙，盱眙太守郑瑗疑季之与诞同谋，邀杀之。

沈庆之至欧阳，诞遣庆之宗人沈道愍赍书说庆之，饷以玉环刀。庆之遣道愍返，数以罪恶。诞焚郭邑，驱居民悉使入城，闭门自守，分遣书檄，邀结远近，时山阳内史梁旷，家在广陵，诞执其妻子，遣使邀旷，旷斩使拒之；诞怒，灭其家。

诞奉表投之城外曰：「陛下信用谗言，遂令无名小人来相掩袭；不任枉酷，即加诛

翦。雀鼠贪生，仰违诏敕。今亲勒部曲，镇扞徐、兖。先经何福，同生皇家？今有何怨，便成胡、越？陵锋奋戈，万没岂顾；荡定之期，冀在旦夕。」又曰：「陛下宫帷之丑，岂可三缄！」上大怒，凡诞左右、腹心、同籍、期亲在建康者并诛之，死者以千数，或有家人已死，方自城内出奔者。

庆之至城下，诞登楼谓之曰：「沈公垂白之年，何苦来此！」庆之曰：「朝廷以君狂愚，不足劳少壮故耳。」

上虑诞奔魏，使庆之断其走路。庆之移营白土，去城十八里，又进军新亭。豫州刺史宗悫、徐州刺史刘道隆并帅众来会；兖州刺史沈僧明，庆之兄子也，亦遣兵助庆之。先是诞诳其众，云「宗悫助我」；悫至，绕城跃马呼曰：「我，宗悫也！」

诞见众军大集，欲弃城北走，留中兵参军申灵赐守广陵，自将步骑数百人，亲信并自随，声云出战，邪趋海陵道。庆之遣龙骧将军武念追之。诞行十余里，众皆不欲去，互请诞还城。诞曰：「我还易耳，卿能为我尽力乎？」众皆许诺，诞乃复还，筑坛歃血以誓众，凡府州文武皆加秩。以主簿刘琨之为中兵参军；琨之，遵考之子也，辞曰：「忠孝不得并。琨之老父在，不敢承命。」诞囚之十余日，终不受，乃杀之。

右卫将军垣护之、虎贲中郎将殷孝祖等击魏还，至广陵，上并使受庆之节度。庆之

进营，逼广陵城。诞饷庆之食，提挈者百余人，出自北门；庆之不开视，悉焚之。诞于城上授函表，请庆之为送，庆之曰：「我受诏讨贼，不得为汝送表。汝必欲归死朝廷，自应开门遣使，吾为汝护送。」

东扬州刺史颜竣遭母忧，送丧还都，上恩待犹厚，竣时对亲旧有怨言，或语及朝廷得失。会王僧达得罪，疑竣谮之；将死，具陈竣前后怨望诽谤之语。上乃使御史中丞庾徽之劾奏，免竣官。竣愈惧，上启陈谢，且请生命；上益怒，诏答曰：「卿讪讦怨愤，已孤本望；乃复过烦思虑，惧不自全，岂为下事上诚节之至邪！」及竟陵王诞反，上遂诬竣与诞通谋，五月，收竣付廷尉，先折其足，然后赐死。妻子徙交州，至宫亭湖，复沉其男口。

六月，戊申，魏主如阴山。

上命沈庆之为三烽于桑里，若克外城，举一烽，克内城，举两烽，擒刘诞，举三烽；玺书督趣，前后相继。庆之焚其东门，塞堑，造攻道，立行楼、土山并诸攻具，值久雨，不得攻城。上使御史中丞庾徽之奏免庆之官，诏勿问，以激之。自四月至于秋七月，雨止，城犹未拔。上怒，命太史择日，将自济江讨诞；太宰义恭固谏，乃止。

诞初闭城拒使者，记室参军山阴贺弼固谏，诞怒，抽刀向之，乃止。诞遣兵出战，

屡败，将佐多逾城出降。或劝弼宜早出，弼曰：『公举兵向朝廷，此事既不可从；苟公厚恩，又义无违背，唯当以死明心耳！』乃饮药自杀。参军何康之谋开门纳官军，不果，斩关出降。诞为高楼，置康之母于其上，暴露之，不与食；母呼康之，数日而死。诞以中军长史济阳范义为左司马。义母妻子皆在城内，或谓义曰：『事必不振，子其行乎！』义曰：『吾，人吏也，子不可以弃母，吏不可以叛君。必若何康之而活，吾弗为也。』

沈庆之帅众攻城，身先士卒，亲犯矢石，乙巳，克其外城；乘胜而进，又克小城。诞闻兵入，走趋后园，队主沈胤之等追及之，击伤诞，坠水，引出，斩之。诞母、妻皆自杀。

上闻广陵平，出宣阳门，敕左右皆呼万岁。侍中蔡兴宗陪辇，上顾曰：『卿何独不呼？』兴宗正色曰：『陛下今日正应涕泣行诛，岂得皆称万岁！』上不悦。

诏贬诞姓留氏，广陵城中士民，无大小悉命杀之。沈庆之请自五尺以下全之，其馀男子皆死，女子以为军赏；犹杀三千馀口。长水校尉宗越临决，皆先刳肠抉眼，或笞面鞭腹，苦酒灌创，然后斩之，越对之，欣欣若有所得。上聚其首于石头南岸为京观，侍中沈怀文谏，不听。

初，诞自知将败，使黄门吕昙济与左右素所信者将世子景粹匿于民间，谓曰：『事若不济，思相全脱；如其不免，可深埋之。』各分以金宝赍送。既出门，并散走；唯昙济不去，携负景粹十馀日，捕得，斩之。

临川内史羊璿坐与诞素善，下狱死。

擢梁旷为后将军，赠刘琨之给事黄门侍郎。

蔡兴宗奉旨慰劳广陵。兴宗与范义素善，收敛其尸，送丧归豫章。上谓曰：『卿何敢故触王宪？』兴宗抗言对曰：『陛下自杀贼，臣自葬故交，何不可之有！』上有惭色。

宗越治军严，善为营陈。每数万人止顿，越自骑马行前，使军人随其后，马止营合，未尝参差。

辛未，大赦。

丙子，以丹阳尹刘秀之为尚书右仆射。

丙戌，以南兖州刺史沈庆之为司空，刺史如故。

八月，庚戌，魏主如云中；壬戌，还平城。

九月，壬辰，筑上林苑于玄武湖北。

初，晋人筑南郊坛于巳位，尚书右丞徐爰以为非礼。诏徙于牛头山西，直宫城之午位。及废帝即位，以旧地为吉，复还故处。帝又命尚书左丞荀万秋造五路，依金根车，加羽葆盖。

四年（庚子，公元四六〇年）

春，正月，甲子朔，魏大赦，改元和平。

乙亥，上耕籍田，大赦。

己卯，诏祀郊庙，初乘玉路。

庚寅，立皇子子勋为晋安王，子房为寻阳王，子项为历阳王，子鸾为襄阳王。

魏散骑侍郎冯阐来聘。

二月，魏卫将军乐安王良讨河西叛胡。

三月，魏人寇北阴平，朱提太守杨归子击破之。

甲申，皇后亲桑于西郊，皇太后观礼。

夏，四月，魏太后常氏殂。五月，癸丑，魏葬昭太后于鸣鸡山。

丙戌，尚书左仆射褚湛之卒。

吐谷浑王拾寅两受宋、魏爵命，居止出入，拟于王者，魏人忿之。定阳侯曹安表言：

「拾寅今保白兰，若分军出其左右，必走保南山，不过十日，人畜乏食，可一举而定。」

六月，甲午，魏遣征西大将军阳平王新成等督统万、高平诸军出南道，南郡公中山李惠等督凉州诸军出北道，以击吐谷浑。

魏崔浩之诛也，史官遂废，至是复置。

河西叛胡诣长安首罪，魏遣使者安慰之。

秋，七月，遣使如魏。

甲戌，开府仪同三司何尚之卒。

壬午，魏主如河西。

魏军至西平，吐谷浑王拾寅走保南山。九月，魏军济河追之，会疾疫，引还，获杂畜二十馀万。

庚午，魏主还平城。

丁亥，徙襄阳王子鸾为新安王。

冬，十月，庚寅，诏沈庆之讨缘江蛮。

前庐陵内史周朗，言事切直，上衔之。使有司奏朗居母丧不如礼，传送宁州，于道杀之。朗之行也，侍中蔡兴宗方在直，请与朗别；坐白衣领职。

十一月，魏散骑常侍卢度世等来聘。

是岁，上征青、冀二州刺史颜师伯为侍中。师伯以谄佞被亲任，群臣莫及，多纳货贿，家累千金。上尝与之樗蒲，上掷得雉，自谓必胜；师伯次掷，得卢，上失色。师伯遽敛子曰：『几作卢！』是日，师伯一输百万。

柔然攻高昌，杀沮渠安周，灭沮渠氏，以阚伯周为高昌王。高昌称王自此始。

五年（辛丑，公元四六一年）

春，正月，戊午朔，朝贺。雪落太宰义恭衣，有六出，义恭奏以为瑞，上悦。义恭以上猜暴，惧不自容，每卑辞逊色，曲意祇奉；由是终上之世，得免于祸。

二月，辛卯，魏主如中山；丙午，至邺，遂如信都。

三月，遣使如魏。

魏主发并、肆州民五千人治河西猎道；辛巳，还平城。

夏，四月，癸巳，更以西阳王子尚为豫章王。

庚子，诏经始明堂，直作大殿于丙、己之地，制如太庙，唯十有二间为异。

雍州刺史海陵王休茂，年十七，司马新野庾深之行府事。休茂性急，欲自专处决，深之及主帅每禁之，常怀忿恨。左右张伯超有宠，多罪恶，主帅屡责之。伯超惧，说休茂曰：『主帅密疏官过失，欲以启闻，如此恐无好。』休茂曰：『为之奈何？』伯超曰：『唯有杀行事及主帅，举兵自卫。此去都数千里，纵大事不成，不失入虏中为王。』休茂从之。

丙午夜，休茂与伯超等帅夹毂队，杀典签杨庆于城中，出金城，杀深之及典签戴双；征集兵众，建牙驰檄，使佐吏上己为车骑大将军、开府仪同三司，加黄钺。侍读博士荀诜谏，休茂杀之。伯超专任军政，生杀在己，休茂左右曹万期挺身斫休茂，不克而死。

休茂出城行营，咨议参军沈畅之等帅众闭门拒之。休茂驰还，不得入。义成太守薛继考为休茂尽力攻城，克之，斩畅之及同谋数十人。其日，参军尹玄庆复起兵攻休茂，生擒，斩之，母、妻皆自杀，同党伏诛。城中扰乱，莫相统摄。中兵参军刘恭之，秀之之弟也，众共推行府州事。继考以兵胁恭之，使作启事，言『继考立义』，自乘驿还都；上以为北中郎咨议参军，赐爵冠军侯；事寻泄，伏诛。以玄庆为射声校尉。

上自即位以来，抑黜诸弟；既克广陵，欲更峻其科。沈怀文曰：『汉明不使其子比光武之子，前史以为美谈。陛下既明管、蔡之诛，愿崇唐、卫之寄。』及襄阳平，太宰义恭探知上旨，复上表请裁抑诸王，不使任边州，及悉输器甲，禁绝宾客；沈怀文固

魏员外散骑常侍游明根等来聘。明根，雅之从祖弟也。

魏广平王洛侯卒。

十二月，壬申，以领军将军刘遵考为尚书右仆射。

甲戌，制民户岁输布四匹。

是岁，诏士族杂婚者皆补将吏。士族多避役逃亡，乃严为之制，捕得即斩之，往往奔窜湖山为盗贼。沈怀文谏，不听。

六年（壬寅，公元四六二年）

春，正月，癸未，魏乐浪王万寿卒。

辛卯，上初祀五帝于明堂，大赦。

丁未，策秀、孝于中堂。扬州秀才顾法对策曰：「源清则流洁，神圣则刑全。躬化易于上风，体训速于草偃。」上览之，恶其谅也，投策于地。

二月，乙卯，复百官禄。

三月，庚寅，立皇子子元为邵陵王。

初，侍中沈怀文，数以直谏忤旨。怀文素与颜竣、周朗善，上谓怀文曰：「竣若知我杀之，亦当不敢如此。」怀文嘿然。侍中王彧，言次称竣、朗人才之美，怀文与相酬和。颜师伯以白上，上益不悦。上尝出射雉，风雨骤至。怀文与王彧、江智渊约相与谏。会召入雉场，怀文曰：「风雨如此，非圣躬所宜冒。」或曰：「怀文所启，宜从。」智渊未及言，上注弩作色曰：「卿欲效颜竣邪，何以恒知人事！」又曰：「颜竣小子，恨不先鞭其面！」每上燕集，在坐者皆令沉醉，嘲谑无度。怀文素不饮酒，又不好戏调，上谓故欲异己。谢庄尝戒怀文曰：「卿每与人异，亦何可久！」怀文曰：「吾少来如此，岂可一朝而变！非欲异物，性所得耳。」上乃出怀文为晋安王子勋征虏长史，领广陵太守。

怀文诣建康朝正，事毕遣还，以女病求申期，至是犹未发，为有司所纠，免官，禁锢十年。怀文卖宅，欲还东，上闻之，大怒，收付廷尉，丁未，赐怀文死。怀文三子澹、渊、冲，行哭为怀文请命，见者伤之。柳元景欲救怀文，言于上曰：「沈怀文三子，涂炭不可见，愿陛下速正其罪。」上竟杀之。

夏，四月，淑仪殷氏卒。追拜贵妃，谥曰宣。上痛悼不已，精神为之罔罔，颇废政事。

五月，壬寅，太宰义恭解领司徒。

六月，辛酉，东昌文穆公刘延孙卒。

庚午，魏主如阴山。

魏石楼胡贺略孙反，长安镇将陆真讨平之。魏主命真城长蛇镇。氐豪仇傉檀反，真讨平之，卒城而还。

秋，七月，壬寅，魏主如河西。

乙未，立皇子子云为晋陵王；是日卒，谥曰孝。

初，晋庾冰议使沙门敬王者，桓玄复述其议，并不果行。至是，上使有司奏曰：「佛、法枝派，名、墨条分，至于崇亲严上，厥猷靡爽。唯浮图为教，反经提传，拘文蔽道，在末尔扇。夫佛以谦卑自牧，忠虔为道，宁有屈膝四辈而简礼二亲，稽颡耆腊而直体万乘者哉！臣等参议，以为沙门接见，比当尽虔；礼敬之容，依其本俗。」九月，戊寅，制沙门致敬人主。及废帝即位，复旧。

乙未，以尚书右仆射刘遵考为左仆射，丹阳尹王僧朗为右仆射。僧朗，彧之父也。

冬，十月，壬申，葬宣贵妃于龙山。凿冈通道数十里，民不堪役，死亡甚众；自江南葬埋之盛，未之有也。又为之别立庙。

魏员外散骑常侍游明根等来聘。

辛巳，加尚书令柳元景司空。

壬寅，魏主还平城。

南徐州从事史范阳祖冲之上言，何承天《元嘉历》疏舛犹多，更造新历，以为：「旧法，冬至日有定处，未盈百载，辄差二度；今令冬至日度，岁岁微差，将来久用，无烦屡改。又，子为辰首，位在正北，虚为北方列宿之中；今历，上元日度，发自虚一。又，日辰之号，甲子为先；今历，上元岁在甲子。又，承天法，日、月、五星各自有元；今法，交会、迟疾悉以上元岁首为始。」上令善历者难之，不能屈。会上晏驾，不果施行。

七年（癸卯，公元四六三年）

春，正月，丁亥，以尚书右仆射王僧朗为太常，卫将军颜师伯为尚书仆射。

上每因宴集，好使群臣自相嘲讦以为乐。吏部郎江智渊素恬雅，渐不会旨。尝使智渊以王僧朗戏其子彧。智渊正色曰：「恐不宜有此戏！」上怒曰：「江僧安痴人，痴人自相惜。」僧安，智渊之父也。智渊伏席流涕，由此恩宠大衰。又议殷贵妃谥曰怀，上以为不尽美，甚衔之。他日，与群臣乘马至贵妃墓，举鞭指墓前石柱，谓智渊曰：「此上不容有『怀』字！」智渊益惧，竟以忧卒。

己丑，以尚书令柳元景为骠骑大将军、开府仪同三司。

二月，甲寅，上巡南豫、南兖二州；丁卯，校猎于乌江；壬戌，大赦；甲子，如瓜步山；壬申，还建康。

夏，四月，甲子，诏：「自非临军战陈，并不得专杀；其罪应重辟者，皆先上须报；违犯者以杀人论。」

五月，丙子，诏曰：「自今刺史、守宰，动民兴军，皆须手诏施行；唯边隅外警及奸衅内发，变起仓猝者，不从此例。」

戊辰，以左民尚书蔡兴宗、左卫将军袁粲为吏部尚书。粲，淑之兄子也。

上好狎侮群臣，自太宰义恭以下，不免秽辱。常呼金紫光禄大夫王玄谟为老伧，仆射刘秀之为老悭，颜师伯为齴；其馀短、长、肥、瘦，皆有称目。黄门侍郎宗灵秀体肥，拜起不便，每至集会，多所赐与，欲其瞻谢倾踣，以为欢笑。又宠一昆仑奴，令以杖击群臣，尚书令柳元景以下皆不能免。唯惮蔡兴宗方严，不敢侵媟。颜师伯谓仪曹郎王耽之曰：「蔡尚书常免昵戏，去人实远。」耽之曰：「蔡豫章昔在相府，亦以方严不狎。武帝宴私之日，未尝相召。蔡尚书今日可谓能负荷矣。」

壬寅，魏主如阴山。

六月，戊辰，以秦郡太守刘德愿为豫州刺史。德愿，怀慎之子也。

上既葬殷贵妃，数与群臣至其墓，谓德愿曰：「卿哭贵妃，悲者当厚赏。」德愿应声恸哭，抚膺擗踊，涕泗交流。上甚悦，故用豫州刺史以赏之。上又令医术人羊志哭贵妃，志亦呜咽极悲。他日有问志者曰：「卿那得此副急泪？」志曰：「我尔日自哭亡妾耳。」

上为人机警勇决，学问博洽，文章华敏，省读书奏，能七行俱下，又善骑射，而奢欲无度。自晋氏渡江以来，宫室草创，朝宴所临，东、西二堂而已。晋孝武末，始作清暑殿。宋兴，无所增改。上始大修宫室，土木被锦绣，嬖妾幸臣，赏赐倾府藏。坏高祖所居阴室，于其处起玉烛殿。与群臣观之，床头有土障，壁上挂葛灯笼、麻蝇拂。侍中袁觊因盛称高祖俭素之德。上不答，独曰：「田舍公得此，已为过矣。」觊，淑之兄子也。

秋，八月，乙丑，立皇子子孟为淮南王，子产为临贺王。

丙寅，魏主畋于河西；九月，辛巳，还平城。

庚寅，以新安王子鸾兼司徒。

丙申，立皇子子嗣为东平王。

冬，十月，癸亥，以东海王祎为司空。

己巳，上校猎姑孰。

魏员外散骑常侍游明根等来聘。明根奉使三返，上以其长者，礼之有加。

十一月，癸巳，上习水军于梁山。

十二月，丙午，如历阳。

甲寅，大赦。

己未，太宰义恭加尚书令。

癸亥，上还建康。

八年（甲辰，公元四六四年）

春，正月，丁亥，魏主立其弟云为任城王。

戊子，以徐州刺史新安王子鸾领司徒。

夏，闰五月，壬寅，太宰义恭领太尉。

上末年尤贪财利，刺史、二千石罢还，必限使献奉，又以蒲戏取之，要令罄尽乃止。终日酣饮，少有醒时，常凭几昏睡，或外有奏事，即肃然整容，无复酒态。由是内外畏之，莫敢弛惰。庚申，上殂于玉烛殿。遗诏：「太宰义恭解尚书令，加中书监；以骠骑将军、南兖州刺史柳元景领尚书令，入居城内。事无巨细，悉关二公，大事与始兴公沈庆之参决；若有军旅，悉委庆之；尚书中事，委仆射颜师伯；外临所统，委领军将军王玄谟。」是日，太子即皇帝位，年十六。大赦。吏部尚书蔡兴宗亲奉玺绶，太子受之，傲惰无戚容。兴宗出，告人曰：「昔鲁昭不戚，叔孙知其不终。家国之祸，其在此乎！」

甲子，诏复以太宰义恭录尚书事，柳元景加开府仪同三司，领丹阳尹，解南兖州。

六月，丁亥，魏主如阴山。

秋，七月，己亥，以晋安王子勋为江州刺史。

柔然处罗可汗卒，子予成立，号受罗部真可汗，改元永康。部真帅众侵魏；辛丑，魏北镇游军击破之。

壬寅，魏主如河西。高车五部相聚祭天，众至数万。魏主亲往临视之，高车大喜。

丙午，葬孝武皇帝于景宁陵，庙号世祖。

庚戌，尊皇太后曰太皇太后，皇后曰皇太后。

乙卯，罢南北二驰道，及孝建以来所改制度，还依元嘉。尚书蔡兴宗于都座慨然谓颜师伯曰：「先帝虽非盛德之主，要以道始终。三年无改，古典所贵。今殡宫始撤，山陵未远，而凡诸制度兴造，不论是非，一皆刊削，虽复禅代，亦不至尔。天下有识，当

以此窥人。」

太宰义恭素畏戴法兴、巢尚之等，虽受遗辅政，而引身避事，由是政归近习。法兴等专制朝权，威 近远，诏敕皆出其手；尚书事无大小，咸取决焉，义恭与颜师伯但守空名而已。

蔡兴宗自以职管铨衡，每至上朝，辄为义恭陈登贤进士之意，又箴规得失，博论朝政。义恭性恇挠，阿顺法兴，恒虑失旨，闻兴宗言，辄战惧无答。兴宗每奏选事，法兴、尚之等辄点定回换，仅有在者。兴宗于朝堂谓义恭、师伯曰：「主上谅暗，不亲万机；而选举密事，多被删改，复非公笔，亦不知是何天子意！」数与义恭等争选事，往复论执。义恭、法兴皆恶之。左迁兴宗新昌太守；既而以其人望，复留之建康。

丙辰，追立何妃曰献皇后。

乙丑，新安王子鸾解领司徒。戴法兴等恶王玄谟刚严，八月，丁卯，以玄谟为南徐州刺史。

王太后疾笃，使呼废帝。帝曰：「病人间多鬼，那可往！」太后怒，谓侍者：「取刀来，剖我腹，那得生宁馨儿！」己丑，太后殂。

九月，辛丑，魏主还平城。

癸卯，以尚书左仆射刘遵考为特进、右光禄大夫。

乙卯，葬文穆皇后于景宁陵。

冬，十二月，壬辰，以王畿诸郡为扬州，以扬州为东扬州。癸巳，以豫章王子尚为司徒、扬州刺史。

是岁，青州移治东阳。

宋之境内，凡有州二十二，郡二百七十四，县千二百九十九，户九十四万有奇。

东方诸郡连岁旱，饥，米一升钱数百，建康亦至百馀钱，饿死者什六七。

免法兴，遣还田里，仍徙远郡。八月，辛酉，赐法兴死，解巢尚之舍人。

员外散骑侍郎东海奚显度，亦有宠于世祖。常典作役，课督苛虐，捶扑惨毒，人皆苦之。帝常戏曰：「显度为百姓患，比当除之。」左右因唱诺，即宣旨杀之。

尚书右仆射、领卫尉卿、丹阳尹颜师伯居权日久，海内辐凑，骄奢淫恣，为衣冠所疾。帝欲亲朝政，庚午，以师伯为尚书左仆射，解卿、尹，以吏部尚书王彧为右仆射，分其权任。师伯始惧。

初，世祖多猜忌，王公、大臣，重足屏息，莫敢妄相过从。世祖殂，太宰义恭等皆相贺曰：「今日始免横死矣！」甫过山陵，义恭与柳元景、颜师伯等声乐酣饮，不舍昼夜；帝内不能平。既杀戴法兴，诸大臣无不震慑，各不自安；于是元景、师伯密谋废帝，立义恭，日夜聚谋，而持疑不能决。元景以其谋告沈庆之；庆之与义恭素不厚，又师伯常专断朝事，不与庆之参怀，谓令史曰：「沈公，爪牙耳，安得预政事！」庆之恨之，乃发其事。

癸酉，帝自帅羽林兵讨义恭，杀之，并其四子。断绝义恭支体，分裂肠胃，挑取眼睛，以蜜渍之，谓之「鬼目粽」。别遣使者称诏召柳元景，以兵随之。左右奔告「兵刃非常」。元景知祸至，入辞其母，整朝服乘车应召。弟车骑司马叔仁戎服，帅左右壮士欲拒命，元景苦禁之。既出巷，军士大至。元景下车受戮，容色恬然；并其八子、六弟及诸侄。获颜师伯于道，杀之，并其六子。又杀廷尉刘德愿。改元景和。文武进位二等。遣使诛湘州刺史江夏世子伯禽。自是公卿以下，皆被捶曳如奴隶矣。

初，帝在东宫，多过失，世祖欲废之而立新安王子鸾，侍中袁顗盛称「太子好学，有日新之美」，世祖乃止；帝由是德之。既诛群公，欲引进顗，任以朝政，迁为吏部尚书，与尚书左丞徐爰皆以诛义恭等功，赐爵县子。

徐爰便僻善事人，颇涉书传，自元嘉初，入侍左右，豫参顾问；既长于附会，又饰以典文，故为太祖所任遇。大明之世，委寄尤重。时殿省旧人多见诛逐，唯爰巧于将迎，始终无迕；废帝待之益厚，群臣莫及。帝每出，常与沈庆之及山阴公主同辇，爰亦预焉。

山阴公主，帝姊也，适驸马都尉何戢。戢，偃之子也。公主尤淫恣，尝谓帝曰：「妾与陛下，男女虽殊，俱托体先帝。陛下六宫万数，而妾唯驸马一人，事太不均。」帝乃为公主置面首左右三十人，进爵会稽郡长公主，秩同郡王。吏部郎褚渊貌美，公主就帝请以自侍，帝许之。渊侍公主十馀日，备见逼迫，以死自誓，乃得免。渊，湛之之子也。

帝令太庙别画祖考之像，帝入庙，指高祖像曰：「渠大英雄，生擒数天子。」指太祖像曰：「渠亦不恶，但末年不免儿斫去头。」指世祖像曰：「渠大齄鼻。如何不齄？」立召画工令齄之。

以建安王休仁为雍州刺史，湘东王彧为南豫州刺史，皆留不遣。

甲戌，以司徒、扬州刺史、豫章王子尚领尚书令。乙亥，以始兴公沈庆之为侍中、太尉；庆之固辞。征青、冀二州刺史王玄谟为领军将军。

魏葬文成皇帝于金陵，庙号高宗。

九月，癸巳，帝如湖熟，戊戌，还建康。

新安王子鸾有宠于世祖，帝疾之。辛丑，遣使赐子鸾死，又杀其母弟南海王子师及其母妹，发殷贵妃墓；又欲掘景宁陵，太史以为不利于帝，乃止。

初，金紫光禄大夫谢庄为殷贵妃《诔》曰：「赞轨尧门。」帝以庄比贵妃于钩弋夫人，欲杀之。或说帝曰：「死者人之所同，一往之苦，不足为困。庄生长富贵，今系之尚方，使知天下苦剧，然后杀之，未晚也。」帝从之。

徐州刺史义阳王昶，素为世祖所恶，民间每讹言昶当反；是岁，讹言尤甚。废帝常谓左右曰：「我即大位以来，遂未尝戒严，使人邑邑！」昶使典签蘧法生奉表诣建康，求入朝，帝谓法生曰：「义阳与太宰谋反，我正欲讨之。今知求还，甚善！」又屡诘问法生：「义阳谋反，何故不启？」法生惧，逃还彭城，帝因此用兵。己酉，下诏讨昶，内外戒严。帝自将兵渡江，命沈庆之统诸军前驱。

法生至彭城，昶即聚兵反；移檄统内诸郡，皆不受命，斩昶使，将佐文武悉怀异心。昶知事不成，弃母、妻，携爱妾，夜与数十骑开北门奔魏。昶颇涉学，能属文。魏人重之，使尚公主，拜侍中、征南将军、驸马都尉，赐爵丹阳王。

吏部尚书袁顗，始为帝所宠任，俄而失指，待遇顿衰，使有司纠奏其罪，白衣领职。顗惧，诡辞求出。甲寅，以顗为督雍、梁等四州诸军事、雍州刺史。顗舅蔡兴宗谓之曰：「襄阳星恶，何可往？」顗曰：「『白刃交前，不救流矢。』今者之行，唯愿生出虎口耳。且天道辽远，何必皆验！」

是时，临海王子顼为都督荆、湘等八州诸军事、荆州刺史，朝廷以兴宗为子顼长史、南郡太守，行府、州事，兴宗辞不行。顗说兴宗曰：「朝廷形势，人所共见。在内大臣，朝不保夕，舅今出居陕西，为八州行事，顗在襄、沔，地胜兵强，去江陵咫尺，水陆流通。若朝廷有事，可以共立桓、文之功，岂比受制凶狂、临不测之祸乎？今得间不去，后复求出，岂可得邪！」兴宗曰：「吾素门平进，与主上甚疏，未容有患。宫省

内外，人不自保，会应有变。若内难得弭，外衅未必可量。汝欲在外求全，我欲居中免祸，各行其志，不亦善乎！』

觊于是狼狈上路，犹虑见追，行至寻阳，喜曰：『今始免矣。』邓琬为晋安王子勋镇军长史、寻阳内史，行江州事。觊与之款狎过常，每清闲，必尽日穷夜。觊与琬人地本殊，见者知其有异志矣。寻复以蔡兴宗为吏部尚书。

戊午，解严。帝因自白下济江至瓜步。

沈庆之复启听民私铸钱，由是钱货乱败。千钱长不盈三寸，大小称此，谓之『鹅眼钱』；劣于此者，谓之『綖环钱』；贯之以缕，入水不沉，随手破碎。市井不复料数，十万钱不盈一掬，斗米一万，商货不行。

冬，十月，丙寅，帝还建康。

帝舅东阳太守王藻尚世祖女临川长公主。公主妒，谮藻于帝。己卯，藻下狱死。

会稽太守孔灵符，所至有政绩，以忤犯近臣，近臣谮之，帝遣使鞭杀灵符，并诛其二子。

宁朔将军何迈，瑀之子也，尚帝姑新蔡长公主。帝纳公主于后宫，谓之谢贵嫔；诈言公主薨，杀宫婢，送迈第殡葬，行丧礼。庚辰，拜贵嫔为夫人，加鸾辂龙旂，出警入跸。迈素豪侠，多养死士，谋因帝出游，废之，立晋安王子勋。事泄，十一月，壬辰，帝自将兵诛迈。

初，沈庆之既发颜、柳之谋，遂自昵于帝，数尽言规谏，帝浸不悦。庆之惧，杜门不接宾客。尝遣左右范羡至吏部尚书蔡兴宗所，兴宗使羡谓庆之曰：『公闭门绝客，以避悠悠请托者耳。如兴宗，非有求于公者也，何为见拒！』庆之使羡邀兴宗。

兴宗往见庆之，因说之曰：『主上比者所行，人伦道尽；率德改行，无可复望。今所忌惮，唯在于公；百姓喁喁，所瞻赖者，亦在公一人而已。公威名素著，天下所服。今举朝遑遑，人怀危怖。指麾之日，谁不响应！如犹豫不断，欲坐观成败，岂惟旦夕及祸，四海重责将有所归！仆蒙眷异常，故敢尽言，愿公详思其计。』庆之曰：『仆诚知今日忧危，不复自保，但尽忠奉国，始终以之，当委任天命耳。加老退私门，兵力顿阙，虽欲为之，事亦无成。』兴宗曰：『当今怀谋思奋者，非欲邀功赏富贵，正求脱朝夕之死耳！殿中将帅，唯听外间消息，若一人唱首，则俯仰可定。况公统戎累朝，旧日部曲，布在宫省，受恩者多，沈攸之辈皆公家子弟耳，何患不从！且公门徒、义附，并三吴勇士。殿中将军陆攸之，公之乡人，今入东讨贼，大有铠仗，在青溪未发。公取其器仗以配衣麾下，使陆攸之帅以前驱，仆在尚书中，自当帅百僚按前代故事，更简贤明

以奉社稷，天下之事立定矣。又，朝廷诸所施为，民间传言公悉豫之。公今不决，当有先公起事者，公亦不免附从之祸。闻车驾屡幸贵第，酣醉淹留，又闻屏左右，独入阁内，此万世一时，不可失也！」庆之曰：「感君至言。然此大事，非仆所能行，事至，固当抱忠以没耳。」

青州刺史沈文秀，庆之弟子也，将之镇，帅部曲出屯白下，亦说庆之曰：「主上狂暴如此，祸乱不久，而一门受其宠任，万物皆谓与之同心。且若人爱憎无常，猜忍特甚，不测之祸，进退难免。今因此众力，图之易于反掌。机会难值，不可失也。」再三言之，至于流涕，庆之终不从。文秀遂行。

及帝诛何迈，量庆之必当入谏，先闭青溪诸桥以绝之。庆之闻之，果往，不得进而还。帝乃使庆之从父兄子直阁将军攸之赐庆之药。庆之不肯饮，攸之以被掩杀之，时年八十。庆之子侍中文叔欲亡，恐如太宰义恭被支解，谓其弟中书郎文季曰：「我能死，尔能报。」遂饮庆之之药而死。弟秘书郎昭明亦自经死。文季挥刀驰马而去，追者不敢逼，遂得免。帝诈言庆之病薨，赠侍中、太尉，谥曰忠武公，葬礼甚厚。

领军将军王玄谟数流涕谏帝以刑杀过差，帝大怒。玄谟宿将，有威名，道路讹言玄谟已见诛。蔡兴宗尝为东阳太守，玄谟典签包法荣家在东阳，玄谟使法荣至兴宗所。兴宗谓法荣曰：「领军殊当忧惧。」法荣曰：「领军比日殆不复食，夜亦不眠，恒言收己在门，不保俄顷。」兴宗曰：「领军忧惧，当为方略，那得坐待祸至！」因使法荣劝玄谟举事。玄谟使法荣谢曰：「此亦未易可行，期当不泄君言。」

右卫将军刘道隆，为帝所宠任，专典禁兵。兴宗尝与之俱从帝夜出，道隆过兴宗车后，兴宗曰：「刘君！比日思一闲写。」道隆解其意，掐兴宗手曰：「蔡公勿多言！」

壬寅，立皇后路氏，太皇太后弟道庆之女也。

帝畏忌诸父，恐其在外为患，皆聚之建康，拘于殿内，殴捶陵曳，无复人理。湘东王彧、建安王休仁、山阳王休祐，皆肥壮，帝为竹笼，盛而称之，以彧尤肥，谓之「猪王」，谓休仁为「杀王」，休祐为「贼王」。以三王年长，尤恶之，常录以自随，不离左右。东海王祎性凡劣，谓之「驴王」；桂阳王休范、巴陵王休若年尚少，故并得从容。尝以木槽盛饭，并杂食搅之，掘地为坑，实以泥水，裸或内坑中，使以口就槽食之，用为欢笑。前后欲杀三王以十数，休仁多智数，每以谈笑佞谀说之，故得推迁。

少府刘曚妾孕临月，帝迎入后宫，俟其生男，欲立为太子。或尝忤旨，帝裸之，缚其手足，贯之以杖，使人担付太官，曰：「今日屠猪！」休仁笑曰：「猪未应死。」帝问其故，休仁曰：「待皇子生，杀猪取其肝肺。」帝怒乃解，曰：「且付廷尉。」一

宿，释之。丁未，暱妾生子，名曰皇子，为之大赦，赐为父后者爵一级。

帝又以太祖、世祖在兄弟数皆第三，江州刺史晋安王子勋亦第三，故恶之，因何迈之谋，使左右朱景云送药赐子勋死。景云至湓口，停不进。子勋典签谢道迈、主帅潘欣之、侍书褚灵嗣闻之，驰以告长史邓琬，泣涕请计。琬曰：『身南土寒士，蒙先帝殊恩，以爱子见托，岂得惜门户百口，期当以死报效。幼主昏暴，社稷危殆，虽曰天子，事犹独夫。今便指帅文武，直造京邑，与群公卿士，废昏立明耳。』戊申，琬称子勋教，令所部戒严。子勋戎服出听事，集僚佐，使潘欣之口宣旨谕之。四座未对，录事参军陶亮首请效死前驱，众皆奉旨。乃以亮为咨议参军，领中兵，总统军事；功曹张沈为咨议参军，统作舟舰；南阳太守沈怀宝、岷山太守薛常宝、彭泽令陈绍宗等并为将帅。初，帝使荆州录送前军长史、荆州行事张悦至湓口，琬称子勋命，释其桎梏，迎以所乘车，以为司马。悦，畅之弟也。琬、悦二人共掌内外众事，遣将军俞伯奇帅五百人断大雷，禁绝商旅及公私使命。遣使上诸郡民丁，收敛器械；旬日之内，得甲士五千人，出顿大雷，于两岸筑垒。又以巴东、建平二郡太守孙冲之为咨议参军，领中兵，与陶亮并统前军，移檄远近。

戊午，帝召诸妃、主列于前，强左右使辱之。南平王铄妃江氏不从；帝怒，杀妃三

子南平王敬猷、庐陵王敬先、安南侯敬渊，鞭江妃一百。

先是民间讹言湘中出天子，帝将南巡荆、湘二州以厌之。明旦，欲先诛湘东王彧，然后发。

初，帝既杀诸公，恐群下谋己，以直阁将军宗越、谭金、童太一、沈攸之等有勇力，引为爪牙，赏赐美人、金帛，充牣其家。越等久在殿省，众所畏服，皆为帝尽力；帝恃之，益无所顾惮，恣为不道，中外骚然。左右宿卫之士皆有异志，而畏越等，不敢发。时三王久幽，不知所为，湘东王彧主衣会稽阮佃夫、内监吴兴王道隆、学官令临淮李道儿与直阁将军柳光世，及帝左右琅邪淳于文祖等阴谋弑帝。帝以立后故，假诸王阉人。或左右钱蓝生亦在中，或密使候帝动止。

先是，帝游华林园竹林堂，使宫人倮相逐，一人不从命，斩之。夜，梦在竹林堂，有女子骂曰：『帝悖虐不道，明年不及熟矣！』帝于宫中求得一人似所梦者斩之。又梦所杀者骂曰：『我已诉上帝矣！』于是巫觋言竹林堂有鬼。是日晡时，帝出华林园。建安王休仁、山阳王休祐、会稽公主并从，湘东王彧独在秘书省，不被召，益忧惧。

帝素恶主衣吴兴寿寂之，见辄切齿。阮佃夫以其谋告寂之及外监典事东阳朱幼、细铠主南彭城姜产之、细铠将晋陵王敬则、中书舍人戴明宝，寂之等闻之，皆响应。幼豫

约勒内外，使钱蓝生密报休仁、休祐。时帝欲南巡，腹心宗越等并听出外装束，唯队主樊僧整防华林阁。柳光世与僧整，乡人，因密邀之；僧整即受命。凡同谋十馀人。阮佃夫虑力少不济，更欲招合，寿寂之曰：「谋广或泄，不烦多人。」其夕，帝悉屏侍卫，与群巫及彩女数百人射鬼于竹林堂。事毕，将奏乐，寿寂之抽刀前入，姜产之次之，淳于文祖等皆随其后。休仁闻行声甚疾，谓休祐曰：「事作矣！」相随奔景阳山。帝见寂之至，引弓射之，不中。彩女皆迸走。帝亦走，大呼「寂寂」者三。寂之追而弑之；宣令宿卫曰：「湘东王受太皇太后令，除狂主，今已平定。」殿省惶惑，未知所为。

休仁就秘书省见湘东王，即称臣，引升西堂，登御座，召见诸大臣。于时事起仓猝，王失履，跣至西堂，犹著乌帽。坐定，休仁呼主衣以白帽代之。令备羽仪，虽未即位，凡事悉称令书施行。宣太皇太后令，数废帝罪恶，命湘东王纂承皇极。及明，宗越等始入，湘东王抚接甚厚。废帝母弟司徒、扬州刺史、豫章王子尚，顽悖有兄风，己未，湘东王以太皇太后令，赐子尚及会稽公主死。建安王休仁等始得出居外舍。释谢庄之囚。废帝犹横尸太医阁口。蔡兴宗谓尚书右仆射王彧曰：「此虽凶悖，要是天下之主，宜使丧礼粗足；若直如此，四海必将乘人。」乃葬之秣陵县南。

初，湘东王母沈婕妤早卒，路太后养之。王事太后甚谨，太后爱王亦笃。王既弑废帝，欲慰太后心，下令以太后弟子休之为黄门侍郎，茂之为中书侍郎。论功行赏，寿寂之等十四人皆封县侯、县子。

十二月，庚申朔，以东海王祎为中书监、太尉。进镇军将军、江州刺史晋安王子勋为车骑将军、开府仪同三司。癸亥，以建安王休仁为司徒、尚书令、扬州刺史，以山阳王休祐为荆州刺史，桂阳王休范为南徐州刺史。乙丑，徙安陆王子绥为江夏王。

丙寅，湘东王即皇帝位，大赦，改元。其废帝时昏制谬封，并皆刊削。

庚午，以右卫将军刘道隆为中护军。道隆昵于废帝，尝无礼于建安太妃；至是，建安王休仁求解职，明帝乃赐道隆死。

宗越、谭金、童太一等虽为上所抚接，内不自安；上亦不欲使居中，从容谓曰：「卿等遭罹暴朝，勤劳日久，应得自养之地；兵马大郡，随卿等所择。」越等素已自疑，闻之，皆相顾失色，因谋作乱；以告沈攸之，攸之以闻。上收越等，下狱死。攸之复入直阁。

辛未，徙临贺王子产为南平王，晋熙王子舆为庐陵王。

壬申，以尚书右仆射王景文为尚书仆射。景文，即彧也，避上名，以字行。

乙亥，追尊沈太妃曰宣太后，陵曰崇宁。

初，豫州刺史山阳王休祐入朝，以长史、南梁郡太守陈郡殷琰行府州事。及休祐徙荆州，即以琰为督豫、司二州诸军事、豫州刺史。

有司奏路太后宜即前号，移居外宫；上不许。戊寅，尊路太后为崇宪皇太后，居崇宪宫，供奉礼仪，不异旧日。立妃王氏为皇后。后，景文之妹也。

罢二铢钱，禁鹅眼、綖环钱，馀皆通用。

江州佐吏得上所下令书，皆喜，共造邓琬，曰：「暴乱既除，殿下又开黄阁，实为公私大庆。」琬以晋安王子勋次第居三，又以寻阳起事与世祖同符，谓事必有成，取令书投地曰：「殿下当开端门，黄阁是吾徒事耳！」众皆骇愕。琬更与陶亮等缮治器甲，征兵四方。

袁顗既至襄阳，即与咨议参军刘胡缮修兵械，简集士卒，诈称被太皇太后令，使其起兵，即建牙驰檄，奉表劝子勋即大位。

辛巳，更以山阳王休祐为江州刺史，荆州刺史临海王子顼即留本任。

先是，废帝以邵陵王子元为湘州刺史，中兵参军沈仲玉为道路行事，至鹊头，闻寻阳兵起，不敢进。琬遣数百人劫迎之，令子勋建牙于桑尾，传檄建康，称：「孤志遵前典，黜幽陟明。」又谓上「矫害明茂，篡窃大宝，干我昭穆，寡我兄弟。藐孤同气，犹有十三，圣灵何辜，而当乏飨。」

郢州刺史安陆王子绥承子勋初檄，欲攻废帝；闻废帝已殒，即解甲下标。既而闻江、雍犹治兵，郢府行事荀卞之大惧，即遣咨议、领中兵参军郑景玄帅众驰下，并送军粮。荆州行事孔道存奉刺史临海王子顼，会稽将佐奉太守寻阳王子房，皆举兵以应子勋。

资治通鉴卷第一百三十一

宋纪十三 柔兆敦牂，一年。

太宗明皇帝上之下

泰始二年（丙午，公元四六六年）

春，正月，己丑朔，魏大赦，改元天安。

癸巳，征会稽太守寻阳王子房为抚军将军，以巴陵王休若代之。

甲午，中外戒严。以司徒建安王休仁都督征讨诸军事，车骑将军、江州刺史王玄谟副之。休仁军于南州，以沈攸之为寻阳太守，将兵屯虎槛。时玄谟未发，前锋凡十军，络绎继至。每夜各立姓号，不相禀受。攸之谓诸将曰：『今众军姓号不同，若有耕夫、渔父夜相呵叱，便致骇乱，取败之道也。请就一军取号。』众咸从之。

邓琬称说符瑞，诈称受路太后玺书，帅将佐上尊号于晋安王子勋。乙未，子勋即皇帝位于寻阳，改元义嘉。以安陆王子绥为司徒、扬州刺史，寻阳王子房、临海王子项并加开府仪同三司；以邓琬为尚书右仆射，张悦为吏部尚书，袁顗加尚书左仆射；自馀将佐及诸州郡，除官进爵号各有差。

丙申，以征虏司马申令孙为徐州刺史。令孙，坦之子也。置司州于义阳，以义阳内史庞孟虬为司州刺史。

徐州刺史薛安都、冀州刺史清河崔道固皆举兵应寻阳。上征兵于青州刺史沈文秀，文秀遣其将平原刘弥之等将兵赴建康。会薛安都遣使邀文秀，文秀更令弥之等应安都。济阴太守申阐据睢陵应建康，安都遣其从子直阁将军索儿、太原太守清河傅灵越等攻之。阐，令孙之弟也。安都婿裴祖隆守下邳，刘弥之至下邳，更以所领应建康，袭击祖隆。祖隆兵败，与征北参军垣崇祖奔彭城。崇祖，护之之从子也。弥之族人北海太守怀恭、从子善明皆举兵以应弥之，薛索儿闻之，释睢陵，引兵击弥之。弥之战败，走保北海。申令孙进据淮阳，请降于索儿。庞孟虬亦不受命，举兵应寻阳。

帝召寻阳王长史行会稽郡事孔觊为太子詹事，以平西司马庾业代之；又遣都水使者孔璪入东慰劳。璪说觊以『建康虚弱，不如拥五郡以应袁、邓。』觊遂发兵，驰檄奉寻阳。吴郡太守顾琛、吴兴太守王昙生、义兴太守刘延熙、晋陵太守袁标皆据郡应之。上又以庾业代延熙为义兴，业至长塘湖，即与延熙合。

益州刺史萧惠开，闻晋安王子勋举兵，集将佐谓之曰：『湘东，太祖之昭；晋安，世祖之穆；其于当璧，并无不可。但景和虽昏，本是世祖之嗣；不任社稷，其次犹多。吾荷世祖之眷，当推奉九江。』乃遣巴郡太守费欣寿将五千人东下。于是湘州行事何慧

文、广州刺史袁昙远、梁州刺史柳元怙、山阳太守程天祚皆附于子勋。元怙，元景之从兄也。

是岁，四方贡计皆归寻阳，朝廷所保，唯丹阳、淮南等数郡，其间诸县或应子勋。东兵已至永世，官省危惧。上集群臣以谋成败。蔡兴宗曰：『今普天同叛，人有异志。宜镇之以静，至信待人。叛者亲戚布在宫省，若绳之以法，则土崩立至，宜明罪不相及之义。物情既定，人有战心，六军精勇，器甲犀利，以待不习之兵，其势相万耳。愿陛下勿忧。』上善之。

建武司马刘顺说豫州刺史殷琰使应寻阳，琰以家在建康，未许。右卫将军柳光世自省内出奔彭城，过寿阳，言建康必不能守。琰信之，且素无部曲，为土豪前右军参军杜叔宝等所制，不得已而从之。琰以叔宝为长史，内外军事，皆叔宝专之。上谓蔡兴宗曰：『诸处未平，殷琰已复同逆；顷日人情云何？事当济不？』兴宗曰：『逆之与顺，臣无以辨。今商旅断绝，米甚丰贱，四方云合，而人情更安。以此卜之，清荡可必。但臣之所忧，更在事后，犹羊公言：「既平之后，方当劳圣虑耳。」』上曰：『诚如卿言。』上知琰附寻阳非本意，乃更厚抚其家以招之。

汝南、新蔡二郡太守周矜起兵于悬瓠以应建康。袁𫖮诱矜司马汝南常珍奇执矜，斩之，以珍奇代为太守。

上使冗从仆射垣荣祖还徐州说薛安都，安都曰：『今京都无百里地，不论攻围取胜，自可拍手笑杀；且我不欲负孝武。』荣祖曰：『孝武之行，足致馀殃，今虽天下雷同，正是速死，无能为也。』安都不从，因留荣祖使为将。荣祖，崇祖之从父兄也。

兖州刺史殷孝祖之甥司法参军颍川葛僧韶，请征孝祖入朝，上遣之。时薛索儿屯据津迳，僧韶间行得至，说孝祖曰：『景和凶狂，开辟未有；朝野危极，假命漏刻。主上夷凶剪暴，更造天地，国乱朝危，宜立长君。而群迷相煽，构造无端，贪利幼弱，竞怀希望。使天道助逆，群凶事申，则主幼时艰，权柄不一，兵难互起，岂有自容之地！舅少有立功之志，若能控济义勇，还奉朝廷，非唯匡主静乱，乃可以垂名竹帛。』孝祖具问朝廷消息，僧韶随方酬譬，并陈兵甲精强，主上欲委以前驱之任。孝祖即日委妻子于瑕丘，帅文武二千人，随僧韶还建康。时四方皆附寻阳，朝廷唯保丹阳一郡；而永世令孔景宣复叛，义兴兵垂至延陵，内外忧危，咸欲奔散。孝祖忽至，众力不少，并伧楚壮士，人情大安。甲辰，进孝祖号抚军将军，假节、督前锋诸军事，遣向虎槛，宠赉甚厚。

初，上遣东平毕众敬诣兖州募人，至彭城，薛安都以利害说之，矫上命以众敬行兖

州事，众敬从之。殷孝祖使司马刘文石守琅丘，众敬引兵击杀之。安都素与孝祖有隙，使众敬杀孝祖诸子。州境皆附之，唯东平太守申纂据无盐，不从。纂，钟之曾孙也。

丙午，上亲总兵，出顿中堂。辛亥，以山阳王休祐为豫州刺史，督辅国将军彭城刘勔、宁朔将军广陵吕安国等诸军西讨殷琰。巴陵王休若督建威将军吴兴沈怀明、尚书张永、辅国将军萧道成等诸军东讨孔觊。时将士多东方人，父兄子弟皆已附觊。上因送军，普加宣示曰：『朕方务德简刑，使父子兄弟罪不相及，助顺同逆者，一以所从为断。卿等当深达此怀，勿以亲戚为虑也。』众于是大悦。凡叛者亲党在建康者，皆使居职如故。

壬子，路太后殂。

孔觊遣其将孙昙瓘等军于晋陵九里，部陈甚盛。沈怀明至奔牛，所领寡弱，乃筑垒自固。张永至曲阿，未知怀明安否，百姓惊扰，永退还延陵，就巴陵王休若，诸将帅咸劝休若退保破冈。其日，大寒，风雪甚猛，塘埭决坏，众无固心。休若宣令：『敢有言退者斩！』众小定，乃筑垒息甲。寻得怀明书，贼定未进，军主刘亮又至，兵力转盛，人情乃安。亮，怀慎之从孙也。

殿中御史吴喜以主书事世祖，稍迁河东太守。至是，请得精兵三百，致死于东。上假喜建武将军，简羽林勇士配之。议者以『喜刀笔主者，未尝为将，不可遣。』中书舍人巢尚之曰：『喜昔随沈庆之，屡经军旅，性既勇决，又习战陈，若能任之，必有成绩。诸人纷纭，皆是不别才耳。』乃遣之。喜先时数奉使东吴，性宽厚，所至人并怀之。百姓闻吴河东来，皆望风降散，故喜所至克捷。

永世人徐崇之攻孔景宣，斩之，喜版崇之领县事。喜至国山，遇东军，进击，大破之。自国山进屯吴城，刘延熙遣其将杨玄等拒战。喜兵力甚弱，玄等众盛。喜奋击，斩之，进逼义兴。延熙栅断长桥，保郡自守，喜筑垒与之相持。

庾业于长塘湖口夹岸筑城，有众七千人，与延熙遥相应接。沈怀明、张永与晋陵军相持，久不决。外监朱幼举司徒参军督护任农夫骁勇有胆力，上以四百人配之，使助东讨。农夫自延陵出长塘，庾业筑城犹未合，农夫驰往攻之，力战，大破之，庾业弃城走义兴。农夫收其船仗，进向义兴，助吴喜。二月，己未朔，喜渡水攻郡城，分兵击诸垒，登高指麾，若令四面俱进者。义兴人大惧，诸垒皆溃。延熙赴水死，遂克义兴。

魏丞相太原王乙浑专制朝权，多所诛杀。安远将军贾秀掌吏曹事，浑屡言于秀，为其妻求称公主，秀曰：『公主岂庶姓所宜称！秀宁取死今日，不可取笑后世！』浑怒，骂曰：『老奴官，悭！』会侍中拓跋丕告浑谋反，庚申，冯太后收浑，诛之。秀，彝之

子；丕，烈帝之玄孙也。太后临朝称制，引中书令高允、中书侍郎渔阳高闾及贾秀共参大政。

沈怀明、张永、萧道成等军于九里西，与东军相持。东军闻义兴败，皆震恐。上遣积射将军济阳江方兴、御史王道隆至晋陵视东军形势。孔觊将孙昙瓘、程扞宗等列五城，互相连带。扞宗城犹未固，王道隆与诸将谋曰：『扞宗城既未立，可以藉手，上副圣旨，下成众气。』辛酉，道隆帅所领急攻，拔之，斩扞宗首。永等因乘胜进击昙瓘等，壬戌，昙瓘等兵败，与袁标俱弃城走，遂克晋陵。

吴喜军至义乡。孔璪屯吴兴南亭，太守王昙生诣璪计事；闻台军已近，璪大惧，堕床，曰：『悬赏所购，唯我而已；今不遽走，将为人擒！』遂与昙生奔钱唐。喜入吴兴，任农夫引兵向吴郡，顾琛弃郡奔会稽。上以四郡既平，乃留吴喜使统沈怀明等诸将东击会稽，召张永等北击彭城，江方兴等南击寻阳。

以吏部尚书蔡兴宗为左仆射，侍中褚渊为吏部尚书。

丁卯，吴喜军至钱唐，孔璪、王昙生奔浙东。喜遣强弩将军任农夫等引兵向黄山浦；东军据岸结寨，农夫等击破之。喜自柳浦渡，取西陵，击斩庾业。会稽人大惧，将士多奔亡，孔觊不能制。戊寅，上虞令王晏起兵攻郡，觊逃奔嶀山；车骑从事中郎张绥封府库以待吴喜。己卯，王晏入城，杀绥，执寻阳王子房于别署。纵兵大掠，府库皆空；获孔璪，杀之。庚辰，嶀山民缚孔觊送晏，晏谓之曰：『此事孔璪所为，无预卿事，可作首辞，当相为申上。』觊曰：『江东处分，莫不由身；委罪求活，便是君辈行意耳。』晏乃斩之。顾琛、王昙生、袁标等诣吴喜归罪，喜皆宥之。东军主凡七十六人，临陈斩十七人，其馀皆原宥。

薛索儿攻申阐，久不下；使申令孙入睢陵说阐，阐出降，索儿并令孙杀之。

山阳王休祐在历阳，辅国将军刘勔进军小岘。殷琰所署南汝阴太守裴季之以合肥来降。

邓琬性鄙暗贪吝，既执大权，父子卖官鬻爵，使婢仆出市道贩卖；酣歌博弈，日夜不休；大自矜遇，宾客到门，历旬不得前；内事悉委褚灵嗣等三人，群小横恣，竞为威福。于是士民仇怨，内外离心。

琬遣孙冲之帅龙骧将军薛常宝、陈绍宗、焦度等兵一万为前锋，据赭圻。冲之于道与晋安王子勋书曰：『舟楫已办，粮仗亦整，三军踊跃，人争效命；便欲沿流挂帆，直取白下。愿速遣陶亮众军兼行相接，分据新亭、南州，则一麾定矣。』子勋加冲左卫将军；以陶亮为右卫将军，统郢、荆、湘、梁、雍五州兵合二万人，一时俱下。陶亮本无

干略，闻建安王休仁自上，殷孝祖又至，不敢进，屯军鹊洲。

殷孝祖负其诚节，陵轹诸将，台军有父子兄弟在南者，孝祖悉欲推治。由是人情乖离，莫乐为用。宁朔将军沈攸之，内抚将士，外谐群帅，众并赖之。孝祖每战，常以鼓盖自随，军中人相谓：「殷统军可谓死将矣！今与贼交锋，而以羽仪自标显，若善射者十人共射之，欲不毙，得乎？」三月，庚寅，众军水陆并进，攻赭圻；陶亮等引兵救之，孝祖于陈为流矢所中，死。军主范潜帅五百人降于亮。人情震骇，并谓沈攸之宜代孝祖为统。

时建安王休仁屯虎槛，遣宁朔将军江方兴、龙骧将军刘灵遗各将三千人赴赭圻。攸之以为孝祖既死，亮等有乘胜之心，明日若不更攻，则示之以弱。方兴名位相亚，必不为己下；军政不壹，致败之由也。乃帅诸军主诣方兴曰：「今四方并反，国家所保，无复百里之地。唯有殷孝祖为朝廷所委赖，锋镝裁交，舆尸而反，文武丧气，朝野危心。事之济否，唯在明旦一战；战若不捷，则大事去矣。诘朝之事，诸人或谓吾应统之，自卜懦薄，干略不如卿。今辄相推为统，但当相与戮力耳。」方兴甚悦，许诺。攸之既出，诸军主并尤之，攸之曰：「吾本以济国活家，岂计此之升降！且我能下彼，

孙冲之谓陶亮曰：「孝祖枭将，一战便死，天下事定矣，不须复战，便当直取京都。」亮不从。

辛卯，方兴帅诸将进战，建安王休仁又遣军主郭季之、步兵校尉杜幼文、屯骑校尉垣恭祖、龙骧将军济地顿生京兆段佛荣等三万人往会战，自寅及午，大破之，追奔至姥山而还。幼文，骥之子也。

孙冲子于湖、白口筑二城，军主竟陵张兴世攻拔之。

壬辰，诏以沈攸之为辅国将军、假节，代殷孝祖督前锋诸军事。

陶亮闻湖、白二城不守，大惧，急召孙冲之还鹊尾，留薛常宝等守赭圻；先于姥山及诸冈分立营寨，亦各散还，共保浓湖。

时军旅大起，国用不足，募民上钱谷者，赐荒县、荒郡，或五品至三品散官有差。军中食少，建安王休仁抚循将士，均其丰俭，吊死问伤，身亲隐恤；故十万之众，莫有离心。

邓琬遣其豫州刺史刘胡帅众三万、铁骑二千，东屯鹊尾，并旧兵凡十馀万。胡，宿将，勇健多权略，屡有战功，将士畏之。司徒中兵参军冠军蔡那，子弟在襄阳，胡每战，悬之城外；那进战不顾。吴喜既定三吴，帅所领五千人，并运资实，至于赭圻。

薛索儿将马步万馀人自睢陵渡淮，进逼青、冀二州刺史张永营。丙申，诏南徐州刺史桂阳王休范统北讨诸军事，进据广陵；又诏萧道成将兵救永。

戊戌，寻阳王子房至建康，上宥之，贬爵为松滋侯。

庚子，魏以陕西王源贺为太尉。

上遣宁朔将军刘怀珍帅龙骧将军王敬则等步骑五千，助刘勔讨寿阳，斩庐江太守刘道蔚。怀珍，善明之从子也。

中书舍人戴明宝启上，遣军主竟陵黄回募兵击斩寻阳所署马头太守王广元。

前奉朝请寿阳郑黑，起兵于淮上以应建康，东扞殷琰，西拒常珍奇；乙巳，以黑为司州刺史。

殷琰将刘顺、柳伦、皇甫道烈、庞天生等马步八千人东据宛唐；刘勔帅众军并进，去顺数里立营。时琰所遣诸军，并受顺节度，而以皇甫道烈土豪，柳伦台之所遣，顺本卑微，唯不使统督二军。勔始至，堑垒未立；顺欲击之，道烈、伦不同，顺不能独进，乃止。勔营既立，不可复攻，因相持守。

壬子，断新钱，专用古钱。

沈攸之帅诸军围赭圻。薛常宝等粮尽，告刘胡求救；胡以囊盛米，系流查及船腹，阳覆船，顺风流下以饷之。沈攸之疑其有异，遣人取船及流查，大得囊米。丙辰，刘胡帅步卒一万，夜，斫山开道，以布囊运米饷赭圻。平旦，至城下，犹隔小堑，未能入。沈攸之帅诸军邀之，殊死战，胡众大败，舍粮弃甲，缘山走，斩获甚众。胡被创，仅得还营。常宝等惶惧，夏，四月，辛酉，开城突围，走还胡军。攸之拔赭圻城，斩其宁朔将军沈怀宝等，纳降数千人。陈绍宗单舸奔鹊尾。建安王休仁自虎槛进屯赭圻。

刘胡等兵犹盛。上欲绥慰人情，遣吏部尚书褚渊至虎槛，选用将士。时以军功除官者众，版不能供，始用黄纸。

邓琬以晋安王子勋之命，征袁觊下寻阳，觊悉雍州之众驰下。琬以黄门侍郎刘道宪行荆州事。侍中孔道存行雍州事。上庸太守柳世隆乘虚袭襄阳，不克。世隆，元景之弟子也。

散骑侍郎明僧暠为青州刺史。平原、乐安二郡太守王玄默据琅邪，清河、广川二郡太守王玄邈据盘阳城，高阳、勃海二郡太守刘乘民据临济城，并起兵以应建康。玄邈，玄谟之从弟；乘民，弥之之从子也。沈文秀遣军主解彦士攻北海，拔之，杀刘弥之。乘民从弟伯宗，合帅乡党，复取北海，因引兵向青州所治东阳城。文秀拒之，伯宗战死。僧暠、玄默、玄邈、乘民合兵攻东阳城，每战，辄为文秀所破，离而复合，如此者十余。幸不能克。

杜叔宝谓台军住历阳，不能遽进。及刘勔等至，上下震恐。刘顺等始行，唯赍一月粮，既与勔久相持，粮尽。叔宝发车千五百乘，载米饷顺，自将五千精兵送之。吕安国闻之，言于刘勔曰："刘顺精甲八千，我众不能居半。相持既久，强弱势殊，更复推迁，则无以自立。所赖者，彼粮行竭，我食有余耳。若使叔宝米至，非唯难可复图，我亦不能持久。今唯有间道袭其米车，出彼不意，若能制之，当不战走矣。"勔以为然，以羸弱守营，简精兵千人配安国及龙骧将军黄回，使从间道出顺后，于横塘抄之。

安国始行，赍二日熟食；食尽，叔宝不至，将士欲还。安国曰："卿等旦已一食，今晚米车不容不至；若其不至，夜去不晚。"叔宝果至，以米车为函箱陈，叔宝于外为游军。幢主杨仲怀将五百人居前，安国、回等击斩之，及其士卒皆尽。叔宝至，回欲乘胜击之，安国曰："彼将自走，不假复击。"退三十里，止宿。夜，遣骑参候，叔宝果弃米车走。安国复夜往烧米车，驱牛二千余头而还。

五月，丁亥，刘顺众溃，走淮西，就常珍奇。刘勔鼓行，进向寿阳。叔宝敛居民及散卒，婴城自守；勔与诸军分营城外。

山阳王休祐与殷琰书，为陈利害；上又遣御史王道隆赍诏宥琰罪。勔与琰书，并以琰兄瑗子邈书与之。琰与叔宝等皆有降意，而众心不壹，复婴城固守。

弋阳西山蛮田益之起兵应建康，诏以益之为辅国将军，督弋阳西蛮事。壬辰，以辅国将军沈攸之为雍州刺史。丁未，以尚书左仆射王景文为中军将军。庚戌，以宁朔将军刘乘民为冀州刺史。

甲寅，崇宪太后路氏殂。

张永、萧道成等与薛索儿战，大破之，索儿退保石梁，食尽而溃，走向乐平，为申令孙子孝叔所斩。薛安都子道智走向合肥，诣裴季之降。傅灵越奔淮西，武卫将军沛郡王广之生获之，送诣刘勔。勔诘其叛逆，灵越曰："九州唱义，岂独在我！薛公不能专任智勇，委付子侄，此其所以败也。人生归于一死，实无面求活。"勔送诣建康。上欲赦之，灵越辞终不改，乃杀之。

邓琬以刘胡与沈攸之等相持，久不决，乃加袁顗督征讨诸军事。六月，甲戌，顗帅楼船千艘，战士二万，来入鹊尾。顗本无将略，性又怯挠，在军中未尝戎服，语不及战陈，唯赋诗谈义而已，不复抚接诸将；刘胡每论事，酬对甚简。由此大失人情，胡常切齿恚恨。胡以南运米未至，军士匮乏，就顗借襄阳之资，顗不许，曰："都下两宅未成，方应经理。"又信往来之言，云"建康米贵，斗至数百"，以为将不攻自溃，拥甲以待之。

田益之帅蛮众万馀人围义阳，邓琬使司州刺史庞孟虬帅精兵五千救之，益之不战溃去。

安成太守刘袭，始安内史王识之，建安内史赵道生，并举郡来降。袭，道怜之孙也。

萧道成世子赜为南康赣令，邓琬遣使收系之。门客兰陵桓康担赜妻裴氏及其子长懋、子良逃于山中，与赜族人萧欣祖等结客得百馀人，攻郡，破狱出赜。南康相沈肃之帅将吏追赜，赜与战，擒之。赜自号宁朔将军，据郡起兵，与刘袭等相应。琬以中护军殷孚为豫章太守，督上流五郡以防袭等。

衡阳内史王应之起兵应建康，袭击湘州行事何慧文于长沙。应之与慧文舍军身战，斫慧文八创，慧文斫应之断足，杀之。

始兴人刘嗣祖等据郡起兵应建康，广州刺史袁昙远遣其将李万周等讨之。嗣祖诳万周云「寻阳已平」。万周还袭番禺，擒昙远，斩之。上以万周行广州事。

初，武都王杨元和治白水，微弱不能自立，弃国奔魏。元和从弟僧嗣复自立，屯葭芦。

费欣寿至巴东，巴东人任叔儿据白帝，自号辅国将军，击欣寿，斩之，叔儿遂阻守三峡。萧惠开复遣治中程法度将兵三千出梁州，杨僧嗣帅群氐断其道，间使以闻。秋，七月，丁酉，以僧嗣为北秦州刺史、武都王。

诸军与袁𫖮相拒于浓湖，久未决。龙骧将军张兴世建议曰：「贼据上流，兵强地胜。我虽持之有馀，而制之不足。若以奇兵数千潜出其上，因险而壁，见利而动，使其首尾周遑，进退疑阻，中流既梗，粮运自艰，此制贼之奇也。钱溪江岸最狭，去大军不远，下临洄洑，船下必来泊岸，又有横浦可以藏船，千人守险，万夫不能过。冲要之地，莫出于此。」沈攸之、吴喜并赞其策。会庞孟虬引兵来助殷琰，刘勔遣使求援甚急，建安王休仁欲遣兴世救之。沈攸之曰：「孟虬蚁聚，必无能为，遣别将马步数千，足以相制。兴世之行，是安危大机。必不可辍。」乃遣段佛荣将兵救勔，而选战士七千、轻舸二百配兴世。

兴世帅其众溯流稍上，寻复退归，如是者累日。刘胡闻之，笑曰：「我尚不敢越彼下取扬州，张兴世何物人，欲轻据我上！」不为之备。一夕，四更，值便风，兴世举帆直前，渡湖、白，过鹊尾。胡既觉，乃遣其将胡灵秀将兵于东岸翼之而进。戊戌夕，兴世宿景洪浦，灵秀亦留。兴世潜遣其将黄道标帅七十舸径趣钱溪，立营寨；己亥，兴世

引兵进据之，灵秀不能禁。庚子，刘胡自将水步二十六军来攻钱溪。将士欲迎击之，兴世禁之曰：『贼来尚远，气盛而矢骤；骤既易尽，盛亦易衰，不如待之。』令将士治城如故。俄而胡来转近，船入洄洑；兴世命寿寂之、任农夫帅壮士数百击之，众军相继并进，胡败走，斩首数百，胡收兵而下。时兴世城寨未固，建安王休仁虑袁顗并力更攻钱溪，欲分其势。辛丑，命沈攸之、吴喜等以皮舰进攻浓湖，斩获千数。是日，刘胡帅步卒二万、铁马一千，欲更攻兴世。未至钱溪数十里，袁顗以浓湖之急，遽追之，钱溪城由此得立。胡遣人传唱『钱溪已平』，众并惧，沈攸之曰：『不然。若钱溪实败，万人中应有一人逃亡得还者；必是彼战失利，唱空声以惑众耳。』勒军中不得妄动；钱溪捷报寻至。攸之以钱溪所送胡军耳鼻示浓湖，袁顗骇惧。攸之日暮引归。

龙骧将军刘道符攻山阳，程天祚请降。

庞孟虬进至弋阳，刘勔遣吕安国等迎击于蓼潭，大破之。孟虬走向义阳。王玄谟之子昙善起兵据义阳以应建康，孟虬走死蛮中。

刘胡遣辅国将军薛道标袭合肥，杀汝阴太守裴季之，刘勔遣辅国将军垣闳击之。闳，阆之弟；道标，安都之子也。

淮西人郑叔举起兵击常珍奇以应郑黑；辛亥，以叔举为北豫州刺史。

崔道固为土人所攻，闭门自守。上遣使宣慰，道固请降。甲寅，复以道固为徐州刺史。

八月，皇甫道烈等闻庞孟虬败，并开门出降。

张兴世既据钱溪，浓湖军乏食。邓琬大送资粮，畏兴世，不敢进。刘胡帅轻舸四百，由鹊头内路欲攻钱溪，既而谓长史王念叔曰：『吾少习步战，未闲水斗。若步战，恒在数万人中；水战在一舸之上，舸舸各进，不复相关，正在三十人中，此非万全之计，吾不为也。』乃托疟疾，住鹊头不进，遣龙骧将军陈庆将三百舸向钱溪，戒庆：『不须战。张兴世吾之所悉，自当走耳。』陈庆至钱溪，军于梅根。

胡遣别将王起将百舸攻兴世，兴世击起，大破之。胡帅其馀舸驰还，谓顗曰：『兴世营寨已立，不可猝攻；昨日小战，未足为损。陈庆已与南陵、大雷诸军共遏其上，大军在此，鹊头诸将又断其下流；已堕围中，不足复虑。』顗怒胡不战，谓曰：『粮运鲠塞，当如此何？』胡曰：『彼尚得溯流越我而上，此运何以不得沿流越彼而下邪！』乃遣安北府司马沈仲玉将千人步趣南陵迎粮。

仲玉至南陵，载米三十万斛，钱布数十舫，竖榜为城，规欲突过。行至贵口，不敢进，遣间信报胡，令遣重军援接。张兴世遣寿寂之、任农夫等将三千人至贵口击之，仲

宋纪十四 起强圉协洽，尽上章阉茂，凡四年。

太宗明皇帝中

泰始三年（丁未，公元四六七年）

春，正月，张永等弃城夜遁。会天大雪，泗水冰合，永等弃船步走，士卒冻死者太半，手足断者什七八。尉元邀其前，薛安都乘其后，大破永等于吕梁之东，死者以万数，枕尸六十馀里，委弃军资器械不可胜计；永足指亦堕，与沈攸之仅以身免，梁、南秦二州刺史垣恭祖等为魏所虏。上闻之，召蔡兴宗，以败书示之，曰：「我愧卿甚！」永降号左将军；攸之免官，以贞阳公领职还屯淮阴。由是失淮北四州及豫州淮西之地。

裴子野论曰：昔齐桓矜于葵丘而九国叛，曹公不礼张松而天下分。一失毫厘，其差远矣。太宗之初，威令所被，不满百里，卒有离心，士无固色，而能开诚心，布款实，莫不感恩服德，致命效死，故西摧北荡，寓内褰开。既而六军献捷，方隅束手，天子欲贾其馀威，师出无名，长淮以北，倏忽为戎。惜乎！若以向之虚怀，不骄不伐，则三叛奚为而起哉！高祖虮虱生介胄，经启疆埸；后之子孙，日蹙百里。播获堂构，岂云易哉！

魏尉元以彭城兵荒之后，公私困竭，请发冀、相、济、兖四州粟，取张永所弃船九百艘，沿清运载，以赈新民；魏朝从之。

魏东平王道符反于长安，杀副将驸马都尉万古真等；丙午，司空和其奴等将殿中兵讨之。丁未，道符司马段太阳攻道符，斩之；以安西将军陆真为长安镇将以抚之。道符，翰之子也。

闰月，魏以顿丘王李峻为太宰。

沈文秀、崔道固为土人所攻，遣使乞降于魏，且请兵自救。

二月，魏西河公石自悬瓠引兵攻汝阴太守张超，不克；退屯陈项，议还长社，待秋击之。郑羲曰：「张超蚁聚穷命，粮食已尽，不降当走，可翘足而待也。今弃之远去，超修城浚隍，积薪储谷，更来恐难图矣。」石不从，遂还长社。

初，寻阳既平，帝遣沈文秀弟文炳以诏书谕文秀，又遣辅国将军刘怀珍将马步三千人与文炳偕行。未至，值张永等败退，怀珍还镇山阳。文秀攻青州刺史明僧暠，帝使怀珍帅龙骧将军王广之将五百骑、步卒二千人浮海救之，至东海，僧暠已退保东莱。怀珍进据朐城，众心凶惧，欲且保郁洲。怀珍曰：「文秀欲以青州归索虏，计齐之士民，安肯甘心左衽邪！今扬兵直前，宣布威德，诸城可飞书而下。奈何守此不进，自为沮挠

引兵进据之，见将不能禁。庚午，刘胡自将水步二十六军来攻钱溪。将士欲
兴世禁之曰：「贼来尚远，气盛而矢骤；骤既易尽，盛亦易衰，不如待之。」令
城如故。俄而胡来转近，船入洄洑，兴世命寿寂之、任农夫帅壮士数百击之，
并进，胡败走，斩首数百，胡收兵而下。时兴世城寨未固，建安王休仁虑袁顗
钱溪，欲分其势。辛丑，命沈攸之、吴喜等以皮舰进攻浓湖，斩获千数。是
步卒二万、铁马一千，欲更攻兴世。未至钱溪数十里，袁顗以浓湖之急，遽
城由此得立。胡遣人传唱「钱溪已平」，众并惧。沈攸之曰：「不然。若钱溪实败，万
人中应有一人逃亡得还者；必是彼战失利，唱空声以惑众耳。」勒军中不得妄
捷报寻至。攸之以钱溪所送胡军耳鼻示浓湖，袁顗骇惧。攸之日暮引归。

龙骧将军刘道符攻山阳，程天祚请降。

庞孟虬进至弋阳，刘勔遣吕安国等迎击于蓼潭，大破之。孟虬走向义阳。
子昙善起兵据义阳以应建康，孟虬走死蛮中。

刘胡遣辅国将军薛道标袭合肥，杀汝阴太守裴季之。刘勔遣辅国将军垣闳
闻之来，道标，安都之子也。

淮西人郑叔举起兵击常珍奇以应刘勔。辛亥，以叔举为北豫州刺史。

崔道固为土人所攻，闭门自守。上遣使宣慰，道固请降。甲寅，复以道固
史。

八月，皇甫道烈等闻庞孟虬败，并开门出降。

张兴世既据钱溪，浓湖军乏食。邓琬大送资粮，畏兴世，不敢进。刘胡
百，由鹊头内路欲攻钱溪，既而谓长史王念叔曰：「吾少习步战，未闲水斗。若
在数万人中；水战在一舸之上，舸舸各进，不复相关，正在三十人中，此非
吾不为也。」乃托疾，住鹊头不进。遣龙骧将军陈庆将三百舸向钱溪，戒庆
战。张兴世吾之所悉，自当走耳。」陈庆至钱溪，军于梅根。

胡遣别将王起帅百舸攻兴世，兴世击起，大破之。胡帅其余舸驰还，谓
曰：「兴世营寨已立，不可猝攻；昨日小战，未足为损。陈庆已与南陵、大雷诸军共遏
军在此，鹊头诸将又断其下流，已堕围中，不足复虑。」顗怒胡不战，谓
塞，当如何？」胡曰：「彼尚得溯流越我而上，此运何以不得沿流越彼而下
遣安北府司马沈仲玉将千人步趣南陵迎粮。

仲玉至南陵，载米三十万斛、钱布数十舫，竖榜为城，规欲突过。行至贵口，不
进，遣间信报胡，令遣重军援之。张兴世遣寿寂之、任农夫等将三千人至贵口

玉走还顗营，悉虏其资实，胡众骇惧，胡将张喜来降。

镇东中兵参军刘亮进兵逼胡营，胡不能制。袁顗惧曰：「贼入人肝脾里，何由得活！」胡阴谋遁去，己卯，诳顗云：「欲更帅步骑二万，上取钱溪，兼下大雷馀运。」令顗悉选马配之。其日，胡委顗去，径趣梅根。先令薛常宝办船，悉发南陵诸军，烧大雷诸城而走。至夜，顗方知之，大怒，骂曰：「今年为小子所误！」呼取常所乘善马「飞燕」谓其众曰：「我当自追之！」因亦走。

庚辰，建安王休仁勒兵入顗营，纳降卒十万，遣沈攸之等追顗。顗走至鹊头，与戍主薛伯珍并所领数千人偕去，欲向寻阳。夜，止山间，杀马以劳将士，顾谓伯珍曰：「我非不能死，且欲一至寻阳，谢罪主上，然后自刎耳。」因慷慨叱左右索节，无复应者。及旦，伯珍请屏人言事，遂斩顗首，诣钱溪马军主襄阳俞湛之。湛之因斩伯珍，并送首以为己功。

刘胡帅二万人向寻阳，诈晋安王子勋云：「袁顗已降，军皆散，唯己帅所领独返；宜速处分，为一战之资。当停据湓城，誓死不贰。」乃于江外夜趣沔口。

邓琬闻胡去，忧惶无计，呼中书舍人褚灵嗣等谋之，并不知所出。张悦诈称疾，呼琬计事，令左右伏甲帐后，戒之曰：「若闻索酒，便出。」琬既至，悦曰：「卿首唱此谋，今事已急，计将安出？」琬曰：「正当斩晋安王，封府库，以谢罪耳。」悦曰：「今日宁可卖殿下求活邪！」因呼酒。子洵提刀出，斩琬。中书舍人潘欣之闻琬死，勒兵而至。悦使人语之曰：「邓琬谋反，今已枭戮。」欣之乃还。取琬子，并杀之。悦因单舸赍琬首驰下，诣建安王休仁降。

寻阳乱。蔡那之子道渊在寻阳被系作部，脱锁入城，执子勋，囚之。沈攸之等诸军至寻阳，斩晋安王子勋，传首建康，时年十一。

初，邓琬遣临川内史张淹自鄱阳峤道入三吴，军于上饶，闻刘胡败，军副鄱阳太守费晔斩淹以降。淹，畅之子也。

废帝之世，衣冠惧祸，咸欲远出。至是流离外难，百不一存，众乃服蔡兴宗之先见。

九月，壬辰，以山阳王休祐为荆州刺史。

癸巳，解严，大赦。

庚子，司徒休仁至寻阳，遣吴喜、张兴世向荆州，沈怀明向郢州，刘亮及宁朔将军南阳张敬儿向雍州，孙超之向湘州，沈思仁、任农夫向豫章，平定馀寇。

刘胡逃至石城，捕得，斩之。郢州行事张沈变形为沙门，潜走，追获，杀之。荆州

帅部曲击之，斩其渠帅，然后得前。惠开奉旨归降，城围得解。

上遣惠开宗人宝首自水道慰劳益州。宝首欲以平蜀为己功，更说蜀人使攻惠开。于是处处蜂起，凡诸离散者一时还合，与宝首进逼成都，众号二十万。惠开欲击之。将佐皆曰："今慰劳使至而拒之，何以自明？"惠开曰："今表启路绝，不战则何以得通使京师？"乃遣宋宁太守萧惠训等将万兵与战，大破之，生擒宝首，囚于成都，遣使言状。上使执送宝首，召惠开还建康。既至，上问以举兵状，惠开曰："臣唯知逆顺，不识天命；且非臣不乱，非臣不平。"上释之。

是时，兖州治淮阴；徐州治钟离；青、冀二州共一刺史，治郁洲。郁洲在海中，周数百里，累石为城，高八九尺，虚置郡县，荒民无几。

张永、沈攸之进兵逼彭城，军于下磕，分遣羽林监王穆之将卒五千守辎重于武原。

魏尉元至彭城，薛安都出迎。元遣李璨与安都先入城，收其管籥；别遣孔伯恭以精甲二千安抚内外，然后入。其夜，张永攻南门，不克而退。

元不礼于安都，安都悔，谋叛魏；元知之，不果发。安都重赂元等，委罪于女婿裴祖隆而杀之。元使李璨与安都守彭城，自将兵击张永，绝其粮道，又攻王穆之于武原。穆之帅余众就永。元进攻之。

平！」遂进，至黔陬，文秀所署高密、平昌二郡太守弃城走。怀珍送致文炳，达朝廷意。文秀犹不降。百姓闻怀珍至，皆喜。文秀所署长广太守刘桃根将数千人戍不其城。怀珍军于洋水，众谓且宜坚壁伺隙。怀珍曰：「今众少粮竭，悬军深入，正当以精兵速进，掩其不备耳。」乃遣王广之将百骑袭不其城，拔之。文秀闻诸城皆败，乃遣使请降；帝复以为青州刺史。崔道固亦请降，复以为冀州刺史。怀珍引还。

魏济阴王小新成卒。

沈攸之自彭城还也，留长水校尉王玄载守下邳，积射将军沈韶守宿豫，睢陵、淮阳皆留兵戍之。玄载，玄谟之从弟也。时东平太守申纂守无盐，幽州刺史刘休宾守梁邹，并州刺史清河房崇吉守升城，辅国将军清河张谠守团城，及兖州刺史王整、兰陵太守桓忻，肥城、糜沟、垣苗等戍皆不附于魏。休宾，乘民之兄子也。

魏遣平东将军长孙陵等将兵赴青州，征南大将军慕容白曜将骑五万为之继援。白曜，燕太祖之玄孙也。白曜至无盐，欲攻之。将佐皆以为攻具未备，不宜遽进。左司马郦范曰：「今轻军远袭，深入敌境，岂宜淹缓！且申纂必谓我军来速，不暇攻围，将不为备。今若出其不意，可一鼓而克。」白曜曰：「司马策是也。」乃引兵伪退。申纂不复设备，白曜夜中部分。三月，甲寅旦，攻城，食时，克之，纂走，追擒，杀之。白曜欲尽以无盐人为军赏，郦范曰：「齐，形胜之地，宜远为经略。今王师始入其境，人心未洽，连城相望，咸有拒守之志，苟非以德信怀之，未易平也。」白曜曰：「善！」皆免之。

白曜将攻肥城，郦范曰：「肥城虽小，攻之引日，胜之不能益军势，不胜足以挫军威。彼见无盐之破，死伤涂地，不敢不惧，若飞书告谕，纵使不降，亦当逃散。」白曜从之，肥城果溃，获粟三十万斛。白曜谓范曰：「此行得卿，三齐不足定也。」遂取垣苗、糜沟二戍。一旬中连拔四城，威震齐土。

丙午，以尚书左仆射蔡兴宗为郢州刺史。

房崇吉守升城，胜兵者不过七百人。慕容白曜筑长围以攻之，自二月至于夏四月，乃克之。白曜忿其不降，欲尽坑城中人。参军事昌黎韩麒麟谏曰：「今勍敌在前而坑其民，自此以东，诸城人自为守，不可克也。师老粮尽，外寇乘之，此危道也。」白曜乃慰抚其民，各使复业。

崇吉脱身走。崇吉母傅氏，申纂妻贾氏，与济州刺史卢度世有中表亲，然已疏远。及为魏所得，度世奉事甚恭，赡给优厚。度世闺门之内，和而有礼。虽世有屯夷，家有贫富，百口怡怡，丰俭同之。

崔道固闭门拒魏。沈文秀遣使迎降于魏，请兵援接。白曜欲遣兵赴之，郦范曰：「文秀室家坟墓皆在江南，拥兵数万，城固甲坚。强则拒战，屈则遁去。我师未逼其城，无朝夕之急，何所畏忌，而遽求援军！且观其使者，视下而色愧，语烦而志怯。此必挟诈以诱我，不可从也。不若先取历城，克盘阳，下梁邹，平乐陵，然后按兵徐进，不患其不服也。」白曜曰：「崔道固等兵力单弱，不敢出战；吾通行无碍，直抵东阳，彼自知必亡，故望风求服，夫又何疑！」范曰：「历城兵多粮足，非朝夕可拔。文秀坐据东阳，为诸城根本。今多遣兵则无以攻历城，少遣兵则不足以制东阳；若进为文秀所拒，退为诸城所邀，腹背受敌，必无全理。愿更审计，无堕贼彀中。」白曜乃止。文秀果不降。

魏尉元上表称：「彭城贼之要藩，不有重兵积粟，则不可固守；若资储既广，虽刘彧师徒悉起，不敢窥淮北之地。」又言：「若贼向彭城，必由清、泗过宿豫，历下邳；趋青州，亦由下邳、沂水经东安。此数者，皆为贼用师之要。今若先定下邳，平宿豫，镇淮阳，戍东安，则青、冀诸镇可不攻而克；若四城不服，青、冀虽拔，百姓狼顾，犹怀侥幸之心。臣愚以为，宜释青、冀之师，先定东南之地，断刘彧北顾之意，绝愚民南望之心；夏水虽盛，无津途可由，冬路虽通，无高城可固。如此，则淮北自举，暂劳永逸。兵贵神速，久则生变，若天雨既降，彼或因水通，运粮益众，规为进取，恐近淮之民翻然改图，青、冀二州猝未可拔也。」

五月，壬戌，以太子詹事袁粲为尚书右仆射。

沈攸之自送运米至下邳，魏人遣清、泗间人诈攸之云：「薛安都欲降，求军迎接。」军副吴喜请遣千人赴之，攸之不许。既而来者益多，喜固请不已，攸之乃集来者告之曰：「君诸人既有诚心，若能与薛徐州子弟俱来者，皆即假君以本乡县，唯意所欲；如其不尔，无为空劳往还。」自是一去不返。攸之使军主彭城陈显达将千人助戍下邳而还。

薛安都子令伯亡命梁、雍之间，聚党数千人，攻陷郡县。秋，七月，雍州刺史巴陵王休若遣南阳太守张敬儿等击斩之。

上复遣中领军沈攸之等击彭城。攸之以为清、泗方涸，粮运不继，固执以为不可。使者七返，上怒，强遣之。八月，壬寅，以攸之行南兖州刺史，将兵北出；使行徐州事萧道成将千人镇淮阴。道成收养豪俊，宾客始盛。

魏之入彭城也，垣崇祖将部曲奔朐山，据之，遣使来降；萧道成以为朐山戍主。朐山濒海孤绝，人情未安，崇祖浮舟水侧，欲有急则逃入海。魏东徐州刺史成固公戍圌城，崇祖部将有罪，亡降魏。成固公遣步骑二万袭朐山，去城二十里；崇祖方出送客，

城中人惊惧，皆下船欲去。崇祖还，谓腹心曰：『虏非有宿谋，承叛者之言而来耳，易诳也。今得百馀人还，事必济矣。但人情一骇，不可敛集，卿等可亟去此一里外，大呼而来云：「艾塘义人已得破虏，须戍军速往，相助逐之。」』舟中人果喜，争上岸。崇祖引入，据城；遣羸弱入岛，人持两炬火，登山鼓噪。魏参骑以为军备甚盛，乃退。上以崇祖为北琅邪、兰陵二郡太守。

垣荣祖亦自彭城奔朐山，以奉使不效，畏罪不敢出，往依萧道成于淮阴。荣祖少学骑射，或谓之曰：『武事可畏，何不学书！』荣祖曰：『昔曹公父子上马横槊，下马谈咏，此于天下，可不负饮食矣。君辈无自全之伎，何异犬羊乎！』刘善明从弟僧副将部曲二千人，避魏居海岛，道成亦召而抚之。

魏于天宫寺作大像，高四十三尺，用铜十万斤，黄金六百斤。

魏尉元遣孔伯恭帅步骑一万拒沈攸之，又以攸之前败所丧士卒瘃堕膝行者悉还攸之，以沮其气。上寻悔遣攸之等，复召使还。攸之至焦墟，去下邳五十馀里，陈显达引兵迎攸之至睢清口，伯恭击破之。攸之引兵退，伯恭追击之，攸之大败，龙骧将军姜彦之等战没。攸之创重，入保显达营；丁酉夜，众溃，攸之轻骑南走，委弃军资器械以万计，还屯淮阴。

尉元以书谕徐州刺史王玄载，玄载弃下邳走，魏以陇西辛绍先为下邳太守。绍先不尚苛察，务举大纲，教民治生御寇而已；由是下邳安之。

孔伯恭进攻宿豫，宿豫戍将鲁僧遵亦弃城走。魏将孔大恒等将千骑南攻淮阳，淮阳太守崔武仲焚城走。

慕容白曜进屯瑕丘。崔道固之未降也，绥边将军房法寿为王玄邈司马，屡破道固军，历城人畏之。及道固降，皆罢兵。道固畏法寿扇动百姓，迫遣法寿使还建康。会从弟崇吉自升城来，以母妻为魏所获，谋于法寿。法寿雅不欲南行，怨道固迫之。时道固遣兼治中房灵宾督清河、广川二郡事，戍磐阳，法寿乃与崇吉谋袭磐阳，据之，降于慕容白曜，以赎崇吉母妻。道固遣兵攻之，白曜自瑕丘遣将军长孙观救磐阳，道固兵退。白曜表冠军将军韩麒麟与法寿对为冀州刺史，以法寿从弟灵民、思顺、灵悦、伯怜、伯玉、叔玉、思安、幼安等八人皆为郡守。

白曜自瑕丘引兵攻崔道固于历城，遣平东将军长孙陵等攻沈文秀于东阳。道固拒守不降，白曜筑长围守之。陵等至东阳，文秀请降；陵等入其西郭，纵士卒暴掠。文秀悔怒，闭城拒守，击陵等，破之。陵等退屯清西，屡进攻城，不克。

癸卯，大赦。

戊申，魏主李夫人生子宏。夫人，惠之女也。冯太后自抚养宏；顷之，还政于魏主。魏主始亲国事，勤于为治，赏罚严明，拔清节，黜贪污，于是魏之牧守始有以廉洁著闻者。

太中大夫徐爰，自太祖时用事，素不礼于上。上衔之，诏数其奸佞之罪，徙交州。

冬，十月，辛巳，诏徙义阳王昶为晋熙王，使员外郎李丰以金千两赎昶于魏。魏人弗许，使昶与上书，为兄弟之仪。上责其不称臣，不答。魏主复使昶与上书，昶辞曰：『臣本实或兄，未经为臣。若改前书，事为二敬；苟或不改，彼所不纳。臣不敢奉诏。』乃止。魏人爱重昶，凡三尚公主。

十一月，乙卯，分徐州置东徐州，以辅国将军张谠为刺史。

十二月，庚戌，以幽州刺史刘休宾为兖州刺史。休宾之妻，崔邪利之女也，生子文晔，与邪利皆没于魏。慕容白曜将其妻子至梁邹城下示之。休宾密遣主簿尹文达至历城见白曜，且视其妻子；休宾欲降，而兄子闻慰不可。白曜使人至城下呼曰：『刘休宾数遣人来见仆射约降，何故违期不至！』由是城中皆知之，共禁制休宾不得降。魏兵围之。

魏西河公石复攻汝阴，汝阴有备，无功而还。常珍奇虽降于魏，实怀贰心；刘勔复以书招之。会西河公石攻汝阴，珍奇乘虚烧劫悬瓠，驱掠上蔡、安成、平舆三县民，屯于灌水。

四年（戊申，公元四六八年）

春，正月，己未，上祀南郊，大赦。

魏汝阳司马赵怀仁帅众寇武津，豫州刺史刘勔遣龙骧将军申元德击破之，又斩魏于都公阏于拔於汝阳台东，获运车千三百乘。魏复寇义阳，勔使司徒参军孙台瓘击破之。

淮西民贾元友上书，陈伐魏取陈、蔡之策，上以其书示刘勔。勔上言：『元友称「虏主幼弱，内外多难，天亡有期」。臣以为虏自去冬蹈藉王土，磐据数郡，百姓残亡；今春以来，连城围逼，国家未能复境，何暇灭虏！元友所陈，率多夸诞狂谋，皆无事实。言之甚易，行之甚难。臣窃寻元嘉以来，伧荒远人，多干国议，负担归阙，皆劝讨虏，从来信纳，皆贻后悔。境上之人，唯视强弱；王师至彼，必壶浆候涂；裁见退军，便抄截蜂起。此前后所见，明验非一也。』上乃止。

魏尉元遣使说东徐州刺史张谠，谠以团城降魏。魏以中书侍郎高闾与谠对为东徐州刺史，李璨与毕众敬对为东兖州刺史。元又说兖州刺史王整、兰陵太守桓忻，整、忻皆降于魏。魏以元为开府仪同三司、都督徐、南、北兖三州诸军事、徐州刺史，镇彭城。

召薛安都、毕众敬入朝，至平城，魏以上客待之，群从皆封侯，赐第宅，资给甚厚。

慕容白曜围历城经年，二月，庚寅，拔其东郭；癸巳，崔道固面缚出降。白曜遣道固之子景业与刘文晔同至梁邹，刘休宾亦出降。白曜送道固、休宾及其僚属于平城。

辛丑，以前龙骧将军常珍奇为都督司、北豫二州诸军事、司州刺史。魏西河公石攻之，珍奇单骑奔寿阳。

乙巳，车骑大将军、曲江庄公王玄谟卒。

三月，魏慕容白曜进围东阳。

上以崔道固兄子僧祐为辅国将军，将兵数千从海道救历城，至不其，闻历城已没，遂降于魏。

交州刺史刘牧卒。州人李长仁杀牧北来部曲，据州反，自称刺史。

广州刺史羊希使晋康太守沛郡刘思道伐俚。思道违节度，失利，希遣收之；思道自帅所领攻州，希兵败而死。龙骧将军陈伯绍将兵伐俚，还，击思道，擒斩之。希，玄保之兄子也。

夏，四月，己卯，复减郡县田租之半。

徙东海王祎为庐江王，山阳王休祐为晋平王。上以废帝谓祎为驴王，故以庐江封之。

刘勔败魏兵于许昌。

魏以南郡公李惠为征南大将军、仪同三司、都督关右诸军事、雍州刺史，进爵为王。

五月，乙卯，魏主畋于崞山，遂如繁畤；辛酉，还宫。

六月，魏以昌黎王冯熙为太傅。熙，太后之兄也。

秋，七月，庚申，以骁骑将军萧道成为南兖州刺史。

八月，戊子，以南康相刘勃为交州刺史。

上以沈文秀之弟征北中兵参军文静为辅国将军，统高密等五郡军事，自海道救东阳。至不其城，为魏所断，因保城自固。魏人攻之，不克。

辛卯，分青州置东青州，以文静为刺史。

九月，辛亥，魏立皇叔桢为南安王，长寿为城阳王，太洛为章武王，休为安定王。

冬，十月，癸酉朔，日有食之。发诸州兵北伐。

十一月，李长仁遣使请降，自贬行州事；许之。

十二月，魏人拔不其城，杀沈文静，入东阳西郭。

义嘉之乱，巫师请发修宁陵，魏玄宫为厌胜。是岁，改葬昭太后。

先是，中书侍郎、舍人皆以名流为之。太祖始用寒士秋当，世祖犹杂选士庶，巢尚之、戴法兴皆用事。及上即位，尽用左右细人，游击将军阮佃夫、中书通事舍人王道隆、员外散骑侍郎杨运长等，并参预政事，权亚人主，巢、戴所不及也。佃夫尤恣横，人有顺迕，祸福立至。大纳货赂，所饷减二百匹绢，则不报书。园宅饮馔，过于诸王；妓乐服饰，宫掖不如也。朝士贵贱，莫不自结。仆隶皆不次除官，捉车人至虎贲中郎将，马士至员外郎。

五年（己酉，公元四六九年）

春，正月，癸亥，上耕籍田，大赦。

沈文秀守东阳，魏人围之三年，外无救援，士卒昼夜拒战，甲胄生虮虱，无离叛之志。乙丑，魏人拔东阳，文秀解戎服，正衣冠，取所持节坐斋内。魏兵交至，问：『沈文秀何在？』文秀厉声曰：『身是！』魏人执之，去其衣，缚送慕容白曜，使之拜，文秀曰：『各两国大臣，何拜之有！』白曜还其衣，为之设馔，锁送平城。魏主数其罪而宥之，待为下客，给恶衣、疏食；既而重其不屈，稍嘉礼之，拜外都下大夫。于是青、冀之地尽入于魏矣。戊辰，魏平昌宣王和其奴卒。

二月，己卯，魏以慕容白曜为都督青、齐、东徐三州诸军事、征南大将军、开府仪同三司、青州刺史，进爵济南王。白曜抚御有方，东人安之。

魏自天安以来，比岁旱饥，重以青、徐用兵，山东之民疲于赋役。显祖命因民贫富，为三等输租之法，等为三品：上三品输平城，中输他州，下输本州。又，魏旧制：常赋之外，有杂调十五；至是悉罢之，由是民稍赡给。

河东柳欣慰等谋反，欲立太尉庐江王祎。祎自以于帝为兄，而帝及诸兄弟皆轻之，遂与欣慰等通谋相酬和。征北咨议参军杜幼文告之，丙申，诏降祎为车骑将军、开府仪同三司、南豫州刺史，出镇宣城，帝遣腹心杨运长领兵防卫。欣慰等并伏诛。

三月，魏人寇汝阴，太守杨文苌击却之。

夏，四月，丙申，魏大赦。

五月，魏徙青、齐民于平城，置升城、历城民望于桑乾，立平齐郡以居之；自余悉为奴婢，分赐百官。

魏沙门统昙曜奏：『平齐户及诸民有能岁输谷六十斛入僧曹者，即为僧祇户，粟为僧祇粟，遇凶岁，赈给饥民。』又请：『民犯重罪及官奴，以为佛图户，以供诸寺洒扫。』魏主并许之。于是僧祇户、粟及寺户遍于州镇矣。

六月，魏立皇子宏为太子。

癸酉，以左卫将军沈攸之为郢州刺史。

上又令有司奏庐江王祎忿怼有怨言，请穷治；不许。丁丑，免祎官爵，遣大鸿胪持节奉诏责祎，因逼令自杀，子辅国将军充明废徙新安。

冬，十月，丁卯朔，日有食之。

魏顿丘王李峻卒。

十一月，丁未，魏复遣使来修和亲，自是信使岁通。

闰月，戊子，以辅师将军孟阳为兖州刺史，始治淮阴。

十二月，戊戌，司徒建安王休仁解扬州。休仁年与上邻亚，素相友爱，景和之世，上赖其力以脱祸。及泰始初，四方兵起，休仁亲当矢石，克成大功，任总百揆，亲寄甚隆；由是朝野辐凑，上渐不悦。休仁悟其旨，故表解扬州。己未，以桂阳王休范为扬州刺史。

分荆州之巴东、建平，益州之巴西、梓潼郡，置三巴校尉，治白帝。先是，三峡蛮、獠岁为抄暴，故立府以镇之。上以司徒参军东莞孙谦为巴东、建平二郡太守。谦将之官，敕募千人自随，谦曰：「蛮夷不宾，盖待之失节耳，何烦兵役以为国费！」固辞不受。至郡，开布恩信，蛮、獠翕然怀之，竞饷金宝；谦皆慰谕，不受。

临海贼帅田流自称东海王，剽掠海盐，杀鄞令，东土大震。

六年（庚戌，公元四七〇年）

春，正月，乙亥，初制间二年一祭南郊，间一年一祭明堂。

二月，壬寅，以司徒休仁为太尉，领司徒；固辞。

癸丑，纳江智渊孙女为太子妃。甲寅，大赦。令百官皆献物；始兴太守孙奉伯止献琴、书，上大怒，封药赐死，既而原之。

魏以东郡王陆定国为司空。定国，丽之子也。

魏主遣征西大将军上党王长孙观击吐谷浑。

夏，四月，辛丑，魏大赦。

戊申，魏长孙观与吐谷浑王拾寅战于曼头山，拾寅败走，遣别驾康盘龙入贡，魏主囚之。

癸亥，立皇子燮为晋熙王，奉晋熙王昶后。

五月，魏立皇弟长乐为建昌王。

六月，癸卯，以江州刺史王景文为尚书左仆射、扬州刺史，以尚书仆射袁粲为右仆

射。

上宫中大宴，裸妇人而观之，王后以扇障面。上怒曰：「外舍寒乞！今共为乐，何独不视！」后曰：「为乐之事，其方自多；岂有姑姊妹集，而裸妇人以为笑！外舍之乐，雅异于此。」上大怒，遣后起。后兄景文闻之，曰：「后在家劣弱，今段遂能刚正如此！」

南兖州刺史萧道成在军中久，民间或言道成有异相，当为天子。上疑之，征为黄门侍郎、越骑校尉。道成惧，不欲内迁，而无计得留。冠军参军广陵荀伯玉劝道成遣数十骑入魏境，安置标榜，魏果遣游骑数百履行境上；道成以闻，上使道成复本任。秋，九月，命道成迁镇淮阴。以侍中、中领军刘勔为都督南徐、兖等五州诸军事，镇广陵。

戊寅，立总明观，置祭酒一人，儒、玄、文、史学士各十人。

柔然部真可汗侵魏，魏主引群臣议之。尚书右仆射南平公目辰曰：「若车驾亲征，京师危惧，不如持重固守。虏悬军深入，粮运无继，不久自退；遣将追击，破之必矣。」给事中张白泽曰：「蠢尔荒愚，轻犯王略，若銮舆亲行，必望麾崩散，岂可坐而纵敌！以万乘之尊，婴城自守，非所以威服四夷也。」魏主从之。白泽，衮之孙也。魏主使京兆王子推等督诸军出西道，任城王云等督诸军出东道，汝阴王天赐等督诸军为前锋，陇

西王源贺等督诸军为后断，镇西将军吕罗汉等掌留台事。诸将会魏主于女水之滨，与柔然战，柔然大败。乘胜逐北，斩首五万级，降者万馀人，获戎马器械不可胜计。旬有九日，往返六千馀里。改女水曰武川。司徒东安王刘尼坐昏醉，军陈不整，免官。壬申，还至平城。

是时，魏百官不给禄，少能以廉白自立者。魏主诏：「吏受所监临羊一口、酒一斛者，死；与者以从坐论。有能纠告尚书已下罪状者，随所纠官轻重授之。」张白泽谏曰：「昔周之下士，尚有代耕之禄。今皇朝贵臣，服勤无报；若使受礼者刑身，纠之者代职，臣恐奸人窥望，忠臣懈节，如此而求事简民安，不亦难乎！请依律令旧法，仍班禄以酬廉吏。」魏主乃为之罢新法。

冬，十月，辛卯，诏以世祖继体，陷宪无遗，以皇子智随为世祖子，立为武陵王。

初，魏乙浑专政，慕容白曜颇附之。魏主追以为憾，遂称白曜谋反，诛之，及其弟如意。

初，魏南部尚书李敷，仪曹尚书李䜣，少相亲善，与中书侍郎卢度世皆以才能为世祖、显祖所宠任，参豫机密，出纳诏命。其后䜣出为相州刺史，受纳货赂，为人所告，敷掩蔽之。显祖闻之，槛车征䜣，案验服罪，当死。是时敷弟奕得幸于冯太后，帝意已

疏之。有司以中旨讽䜣告敷兄弟阴事，可以得免。䜣谓其婿裴攸曰：「吾与敷族世虽远，恩逾同生，今在事劝吾为此，吾情所不忍。每引簪自刺，解带自绞，终不得死。且吾安能知其阴事！将若之何？」攸曰：「何为为人死也！有冯阐者，先为敷所败，其家深怨之。今询其弟，敷之阴事可得也。」䜣从之。又赵郡范㶉条列敷兄弟事状凡三十馀条。有司以闻，帝大怒，诛敷兄弟。䜣得减死，鞭髡配役。未几，复为太仓尚书，摄南部事。敷，顺之子也。

魏阳平王新成卒。

是岁，命龙骧将军义兴周山图将兵屯浃口讨田流，平之。

柔然攻于阗，于阗遣使者素目伽奉表诣魏求救。魏主命公卿议之，皆曰：「于阗去京师几万里，蠕蠕唯习野掠，不能攻城；若其可攻，寻已亡矣。虽欲遣师，势无所及。」魏主以议示使者，使者亦以为然。乃诏之曰：「朕应急敕诸军以拯汝难。但去汝遐阻，必不能救当时之急，汝宜知之。朕今练甲养士，一二岁间，当躬帅猛将，为汝除患。汝其谨修警候，以待大举。」

资治通鉴卷第一百三十三

宋纪十五 起重光大渊献，尽旃蒙单阏，凡五年。

太宗明皇帝下

泰始七年（辛亥，公元四七一年）

春，二月，戊戌，分交、广置越州，治临漳。

初，上为诸王，宽和有令誉，独为世祖所亲。即位之初，义嘉之党多蒙全宥，随才

时淮、泗用兵，府藏空竭，内外百官，并断俸禄。而奢费过度，每所造器用，必为正御、副御、次副各三十枚。嬖幸用事，货赂公行。

上素无子，密取诸王姬有孕者内宫中，生男则杀其母，使宠姬子之。至是寝疾，以太子幼弱，深忌诸弟。南徐州刺史晋平刺王休祐，前镇江陵，贪虐无度，上不使之镇，留之建康，遣上佐行府州事。休祐性刚狠，前后忤上非一，上积不能平，且虑将来难制，欲方便除之。甲寅，休祐从上于岩山射雉，左右从者并在仗后。日

欲暗，上遣左右寿寂之等数人，逼休祐令坠马，因共殴，拉杀之，传呼「骠骑落马！」上阳惊，遣御医络驿就视，比其左右至，休祐已绝。去车轮，舆还第。追赠司空，葬之如礼。

建康民间讹言，荆州刺史巴陵王休若有至贵之相，上以此言报之，休若忧惧。戊午，以休若代休祐为南徐州刺史。休若腹心将佐，皆谓休若还朝，必不免祸。中兵参军

魏主使殿中尚书胡莫寒简西部敕勒为殿中武士。莫寒大纳货赂，众怒，杀莫寒及高平假镇将奚陵。夏，四月，诸部敕勒皆叛。魏主使汝阴王天赐将兵讨之，以给事中罗云为前锋；敕勒诈降，袭云，杀之，天赐仅以身免。

晋平刺王既死，建安王休仁益不自安。上与嬖臣杨运长等为身后之计，运长等亦虑上晏驾后，休仁秉政，己辈不得专权，弥赞成之。上疾尝暴甚，内外莫不属意于休仁，主

资治通鉴卷第一百三十三

宋纪十五 起重光大渊献（辛亥），尽阏逢摄提格（甲寅），凡四年。

太宗明皇帝下

泰始七年（辛亥，公元四七一年）

春，二月，戊戌，分交、广置越州，治临漳。

初，上为诸王，宽和有令誉，独为世祖所亲。即位之初，义嘉之党多蒙全宥，随才引用，有如旧臣。及晚年，更猜忌忍虐，好鬼神，多忌讳，言语、文书，有祸败、凶丧及疑似之言应回避者数百千品，有犯必加罪戮。改「騧」为「䯄」，以其似祸字故也。左右忤意，往往有刳斫者。

淮、泗用兵，府藏空竭，内外百官，并断俸禄。而奢费过度，每所造器用，必为正御、副御、次副各三十枚。嬖幸用事，货赂公行。

上素无子，密取诸王姬有孕者内宫中，生男则杀其母，使宠姬子之。至是疾笃，以太子幼弱，深忌诸弟。南徐州刺史晋平刺王休祐，前镇江陵，贪虐无度，上不使之镇，留之建康，遣上佐行府州事。休祐性刚狠，前后忤上非一，上积不能平，且虑将来难制，欲方便除之。甲寅，休祐从上于岩山射雉，左右从者并在仗后。日

欲暗，上遣左右寿寂之等数人，逼休祐令坠马，因共殴，拉杀之，传呼「骠骑落马！」上阳惊，遣御医络驿就视，比其左右至，休祐已绝。去车轮，舆还第。追赠司空，葬之如礼。

建康民间讹言，荆州刺史巴陵王休若有至贵之相，上以此言报之，休若忧惧。戊午，以休若代休祐为南徐州刺史。休若腹心将佐皆谓休若还朝，必不免祸。中兵参军京兆王敬先说休若曰：「今主上弥留，政成省闼，群竖恟恟，欲悉去宗支以便其私。殿下声著海内，受诏入朝，必往而不返。荆州带甲十余万，地方数千里，上可以匡天子，除奸臣，下可以保境土，全一身；孰与赐剑邸第，使臣妾饮泣而不敢葬乎！」休若素谨畏，伪许之。敬先出，使人执之，以白于上而诛之。

三月，辛酉，魏假员外散骑常侍邢祐来聘。

魏主使殿中尚书胡莫寒简西部敕勒为殿中武士。莫寒大纳货赂，众怒，杀莫寒及高平假镇将奚陵。夏，四月，诸部敕勒皆叛。魏主使汝阴王天赐将兵讨之，以给事中罗云为前锋。敕勒诈降，袭云，杀之，天赐仅以身免。

晋平刺王既死，建安王休仁益不自安。上与嬖臣杨运长等为身后之计，运长等亦虑上晏驾后，休仁秉政，己辈不得专权，弥赞成之。上疾尝暴甚，内外莫不属意于休仁，主

书以下皆往东府访休仁所亲信，豫自结纳；其或在直不得出者，皆恐惧。上闻，愈恶之。五月，戊午，召休仁入见，既而谓曰：「今夕停尚书下省宿，明可早来。」其夜，遣人赍药赐死。休仁骂曰：「上得天下，谁之力邪！孝武以诛锄兄弟，子孙灭绝。今复为尔，宋祚其能久乎！」上虑有变，力疾乘舆出端门，休仁死，乃入。下诏称：「休仁规结禁兵，谋为乱逆，朕未忍明法，申诏诘厉。休仁惭恩惧罪，遽自引决。可宥其二子，降为始安县王，听其子伯融袭封。」

上虑人情不悦，乃与诸大臣及方镇诏，称：「休仁与休祐深相亲结，语休祐云：『汝但作佞，此法自足安身；我从来颇得此力。』休祐之陨，本欲为民除患，而休仁从此日生烧惧。吾每呼令入省，便入辞杨太妃。吾春中多与之射雉，或阴雨不出，休仁辄语左右云：『我已复得今一日。』休仁既经南讨，与宿卫将帅经习狎共事。吾前者积日失适，休仁出入殿省，无不和颜，厚相抚劳。如其意趣，人莫能测。事不获已，反覆思惟，不得不有近日处分。恐当不必即解，故相报知。」

上与休仁素厚，虽杀之，每谓人曰：「我与建安年时相邻，少便款狎。景和、泰始之间，勋诚实重；事计交切，不得不相除，痛念之至，不能自已。」因流涕不自胜。

初，上在藩与褚渊以风素相善；及即位，深相委仗。上寝疾，渊为吴郡太守，急召之。既至，入见，上流涕曰：「吾近危笃，故召卿，欲使著黄椤耳。」黄椤者，乳母服也。上与渊谋诛建安王休仁，渊以为不可，上怒曰：「卿痴人！不足与计事！」渊惧而从命。复以渊为吏部尚书。庚午，以尚书右仆射袁粲为尚书令，褚渊为左仆射。

上恶太子屯骑校尉寿寂之勇健；会有司奏寂之擅杀逻尉，徙越州，于道杀之。

丙戌，追废晋平王休祐为庶人。

巴陵王休若至京口，闻建安王死，益惧。上以休若和厚，能谐缉物情，恐将来倾夺幼主，欲遣使杀之，虑不奉诏；欲征入朝，又恐猜骇。六月，丁酉，以江州刺史桂阳王休范为南徐州刺史，以休若为江州刺史。手书殷勤，召休若使赴七月七日宴。

丁未，魏主如河西。

秋，七月，巴陵哀王休若至建康；乙丑，赐死于第，赠侍中、司空。复以桂阳王休范为江州刺史。时上诸弟俱尽，唯休范以人才凡劣，不为上所忌，故得全。

沈约论曰：「圣人立法垂制，所以必称先王，盖由遗训馀风，足以贻之来世也。太祖经国之义虽弘，隆家之道不足。彭城王照不窥古，徒见昆弟之义，未识君臣之礼，冀以家情行之国道，主猜而犹犯，恩薄而未悟，致以呵训之微行，遂成灭亲之大祸。开端树隙，垂之后人。太宗因易隙之情，据已行之典，翦落洪枝，不待

顾虑。既而本根无庇，幼主孤立，神器以势弱倾移，灵命随乐推回改，斯盖履霜有渐，坚冰自至，所由来远矣！

裴子野论曰：夫噬虎之兽，知爱己子；搏狸之鸟，非护异巢。太宗保字螟蛉，剿拉同气，既迷在原之天属，未识父子之自然。宋德告终，非天废也。夫危亡之君，未尝不先弃本枝，嫗煦帝孽；推诚嬖狎，疾恶父兄。前乘覆车，后来并辔。借使叔仲有国，犹不失配天；而他人入室，将七庙绝祀；曾是莫怀，甘心揃落。晋武背文明之托，而覆中州者贾后；太祖弃初宁之誓，而登合殿者元凶。祸福无门，奚其豫择！友于兄弟，不亦安乎！

丙寅，魏主至阴山。

初，吴喜之讨会稽也，言于上曰：「得寻阳王子房及诸贼帅，皆即于东戮之。」既而生送子房，释顾琛等。上以其新立大功，不问，而心衔之。及克荆州，剽掠，赃以万计。寿寂之死，喜为淮陵太守，督豫州诸军事，闻之，内惧，启乞中散大夫，上尤疑骇。或谮萧道成在淮阴有贰心于魏，上封银壶酒，使喜自持赐道成。道成惧，欲逃，喜以情告道成，且先为之饮，道成即饮之。喜还朝，保证道成。或密以启上，上以喜多计数，素得人情，恐其不能事幼主；乃召喜入内殿，与共言谑甚款。既出，赐以名馔。寻赐死，然犹发诏赙赐。

又与刘勔等诏曰：「吴喜轻狡万端，苟取物情。昔大明中，黟、歙有亡命数千人，攻县邑，杀官长，刘子尚遣三千精甲讨之，再往失利。孝武以喜将数十人至县，说诱群贼，贼即归降。诡数幻惑，乃能如此。及泰始初东讨，止有三百人，直造三吴，凡再经薄战，而自破冈以东至海十郡，无不清荡。百姓闻吴河东来，便望风自退；若非积取三吴人情，何以得弭伏如此！寻喜心迹，岂可奉守文之主，遭国家可乘之会邪！譬如饵药，当人羸冷，资散石以全身，及热势发动，去坚积以止患，非忘其功，势不获已耳。」

戊寅，以淮阴为北兖州，征萧道成入朝。道成所亲以朝廷方诛大臣，劝勿就征，道成曰：「诸卿殊不见事！主上自以太子稚弱，翦除诸弟，何预他人！今唯应速发；淹留顾望，必将见疑。且骨肉相残，自非灵长之祚，祸难将兴，方与卿等戮力耳。」既至，拜散骑常侍、太子左卫率。

八月，丁亥，魏主还平城。

戊子，以皇子跻继江夏文献王义恭。

庚寅，上疾有间，大赦。

戊戌，立皇子准为安成王，实桂阳王休范之子也。

雅薄富贵，常有遗世之心。以叔父中都大官京兆王子推沉雅仁厚，素有时誉，欲禅以帝位。时太尉源贺督诸军屯漠南，驰传召之。既至，会公卿大议，皆莫敢先言。任城王云，子推之弟也，对曰：「陛下方隆太平，临覆四海，岂得上违宗庙，下弃兆民。且父子相传，其来久矣。陛下必欲委弃尘务，则皇太子宜承正统。夫天下者，祖宗之天下。陛下若更授旁支，恐非先圣之意。启奸乱之心，斯乃祸福之原，不可不慎也。」源贺曰：「陛下今欲禅位皇叔，臣恐紊乱昭穆，后世必有逆祀之讥。愿深思任城之言。」东阳公丕等曰：「皇太子虽圣德早彰，然实冲幼。陛下富于春秋，始览万机，奈何欲隆独善，不以天下为心，其若宗庙何！其若亿兆何！」尚书陆馛曰：[illegible]议诸王，臣请刎颈殿庭，不敢奉诏！」帝怒，变色；以问[illegible]曰：「臣以死奉戴皇太子，不知其他！」帝默然。时太子宏生五年矣，[illegible]。中书令高允曰：「臣不敢多言，愿陛下上思宗庙托付之[illegible]。」帝乃曰：「然则立太子，群公辅之，有何不可！」又曰[illegible]君子。」乃以馛为太保，与源贺持节奉皇帝玺绂传位于太子[illegible]

高祖幼有至性，前年，显祖病痈，高祖亲吮。及受禅，悲泣不自胜。显祖问其故，对曰：「代亲之感，内切于心。」

丁未，显祖下诏曰：「朕希心玄古，志存淡泊，爰命储官践升大位，朕得优游恭己，栖心浩然。」

群臣奏曰：「昔汉高祖称皇帝，尊其父为太上皇，明不统天下也。今皇帝幼冲，万机大政，犹宜陛下总之。谨上尊号曰太上皇帝。」显祖从之。

己酉，上皇徙居崇光宫，采椽不斫，土阶而已；国之大事咸以闻。崇光宫在北苑中，又建鹿野浮图于苑中之西山，与禅僧居之。

冬，十月，魏沃野、统万二镇敕勒叛，遣太尉源贺帅众讨之；降二千馀落，追击馀党至枹罕、金城，大破之，斩首八千馀级，虏男女万馀口，杂畜三万馀头。诏贺都督三道诸军，屯于漠南。

先是，魏每岁秋、冬发军，三道并出，以备柔然，春中乃还。贺以为：「往来疲劳，不可支久；请募诸州镇武健者三万馀人，筑三城以处之，使冬则讲武，春则耕种。」不从。

庚寅，魏以南安王桢为都督凉州及西戎诸军事，领护西域校尉，镇凉州。

上命北琅邪、兰陵二郡太守垣崇祖经略淮北，崇祖自郁洲将数百人入魏境七百里，据蒙山。十一月，魏东兖州刺史于洛侯击之，崇祖引还。

上以故第为湘宫寺，备极壮丽；欲造十级浮图而不能，乃分为二。新安太守巢尚之罢郡入见，上谓曰：「卿至湘宫寺未？此是我大功德，用钱不少。」通直散骑侍郎会稽虞愿侍侧，曰：「此皆百姓卖儿贴妇钱所为，佛若有知，当慈悲嗟愍；罪高浮图，何功德之有！」侍坐者失色；上怒，使人驱下殿。愿徐去，无异容。上好围棋，棋甚拙，与第一品彭城丞王抗围棋，抗每假借之，曰：「皇帝飞棋，臣抗不能断。」上终不悟，好之愈笃。愿又曰：「尧以此教丹朱，非人主所宜好也。」上虽怒甚，以愿王国旧臣，每优容之。

王景文常以盛满为忧，屡辞位任，上不许。然中心以景文外戚贵盛，张永累经军旅，疑其将来难信，乃自为谣言曰：「一士不可亲，弓长射杀人。」景文弥惧，自表解扬州，情甚切至。诏报曰：「人居贵要，但问心若为耳。大明之世，巢、徐、二戴，位不过执戟，权亢人主。今袁粲作仆射领选，而人往往不知有粲，粲迁为令，居之不疑；人情向粲，淡然亦复不改常日。以此居贵位要任，当有致忧兢不？夫贵高有危殆之惧，卑贱有填壑之忧，有心于避祸，不如无心于任运。存亡之要，巨细一揆耳。」

泰豫元年（壬子，公元四七二年）

春，正月，甲寅朔，上以疾久不平，改元。戊午，皇太子会四方朝贺者于东宫，并受贡计。

大阳蛮酋桓诞拥沔水以北、滍、叶以南八万馀落降于魏，自云桓玄之子，亡匿蛮中，以智略为群蛮所宗。魏以诞为征南将军、东荆州刺史、襄阳王，听自选郡县吏；使起部郎京兆韦珍与诞安集新民，区置诸事，皆得其所。

二月，柔然侵魏，上皇遣将击之；柔然走。东部敕勒叛奔柔然，上皇自将追之，至石碛，不及而还。

上疾笃，虑晏驾之后，皇后临朝，江安懿侯王景文以元舅之势，必为宰相，门族强盛，或有异图。己未，遣使赍药赐景文死，手敕曰：「与卿周旋，欲全卿门户，故有此处分。」敕至，景文正与客棋，叩函看已，复置局下，神色不变，方与客思行争劫。局竟，敛子内奁毕，徐曰：「奉敕见赐以死。」方以敕示客。中直兵焦度赵智略愤怒，曰：「大丈夫安能坐受死！州中文武数百，足以一奋。」景文曰：「知卿至心；若见念者，为我百口计。」乃作墨启答敕致谢，饮药而卒。赠开府仪同三司。

上梦有人告曰：「豫章太守刘愔反。」既寤，遣人就郡杀之。

魏显祖还平城。

庚午，魏主耕籍田。

夏，四月，以垣崇祖行徐州事，徙戍龙沮。

己亥，上大渐，以江州刺史桂阳王休范为司空，又以尚书右仆射褚渊为护军将军，加中领军刘勔右仆射，诏渊、勔与尚书令袁粲、荆州刺史蔡兴宗、郢州刺史沈攸之并受顾命。褚渊素与萧道成善，引荐于上，诏又以道成为右卫将军，领卫尉，与袁粲等共掌机事。是夕，上殂。庚子，太子即皇帝位，大赦。时苍梧王方十岁，袁粲、褚渊秉政，承太宗奢侈之后，务弘节俭，欲救其弊；而阮佃夫、王道隆等用事，货赂公行，不能禁也。

乙巳，以安成王准为扬州刺史。

五月，戊寅，葬明皇帝于高宁陵，庙号太宗。六月，乙巳，尊皇后曰皇太后，立妃江氏为皇后。

秋，七月，柔然部帅无卢真将三万骑寇魏敦煌，镇将尉多侯击走之。多侯，眷之子也。又寇晋昌，守将薛奴击走之。

戊午，魏主如阴山。

戊辰，尊帝母陈贵妃为皇太妃，更以诸国太妃为太姬。

右军将军王道隆以蔡兴宗强直，不欲使居上流，闰月，甲辰，以兴宗为中书监；更以沈攸之为都督荆、襄等八州诸军事、荆州刺史。兴宗辞中书监不拜。王道隆每诣兴宗，蹑履到前，不敢就席，良久去，竟不呼坐。

沈攸之自以才略过人，自至夏口以来，阴蓄异志；及徙荆州，择郢州士马、器仗精者，多以自随。到官，以讨蛮为名，大发兵力，招聚才勇，部勒严整，常如敌至。重赋敛以缮器甲，旧应供台者皆割留之，养马至二千馀匹，治战舰近千艘，仓廪、府库莫不充积。士子、商旅过荆州者，多为所羁留；四方亡命归之者，皆蔽匿拥护；所部或有逃亡，无远近穷追，必得而止。举错专恣，不复承用符敕，朝廷疑而惮之。为政刻暴，或鞭挞士大夫；上佐以下，面加詈辱。然吏事精明，人不敢欺，境内盗贼屏息，夜户不闭。

攸之赕罚群蛮太甚，又禁五溪鱼盐，蛮怨叛。酉溪蛮王田头拟死，弟娄侯篡立，其子田都走入獠中。于是群蛮大乱，掠抄至武陵城下。武陵内史萧嶷遣队主张英儿击破之，诛娄侯，立田都，群蛮乃定。嶷，赜之弟也。

八月，戊午，乐安宣穆公蔡兴宗卒。

九月，辛巳，魏主还平城。

冬，十月，柔然侵魏，及五原。十一月，上皇自将讨之。将度漠，柔然北走数千里，上皇乃还。

丁亥，魏封上皇之弟略为文川王。

己亥，以郢州刺史刘秉为尚书左仆射。秉，道怜之孙也，和弱无干能，以宗室清令，故袁、褚引之。

中书通事舍人阮佃夫加给事中、辅国将军，权任转重，欲用其所亲吴郡张澹为武陵郡；袁粲等皆不同，佃夫称敕施行，粲等不敢执。

魏有司奏诸祠祀合一千七十五所，岁用牲七万五千五百。上皇恶其多杀，诏：『自今非天地、宗庙、社稷，皆勿用牲，荐以酒脯而已。』

苍梧王上

元徽元年（癸丑，公元四七三年）

春，正月，戊寅朔，改元，大赦。

庚辰，魏员外散骑常侍崔演来聘。

戊戌，魏上皇还，至云中。

癸丑，魏诏守令劝课农事，同部之内，贫富相通，家有兼牛，通借无者。若不从诏，一门终身不仕。

戊午，魏上皇至平城。

甲戌，魏诏：『县令能静一县劫盗者，兼治二县，即食其禄；能静二县者，兼治三县，三年迁为郡守。二千石能静二郡上至三郡亦如之，三年迁为刺史。』

桂阳王休范，素凡讷，少知解，不为诸兄所齿遇，物情亦不向之，故太宗之末得免于祸。及帝即位，年在冲幼，素族秉政，近习用权。休范自谓尊亲莫二，应入为宰辅；既不如志，怨愤颇甚。典签新蔡许公舆为之谋主，令休范折节下士，厚相资给。于是远近赴之，岁中万计；收养勇士，缮治器械。朝廷知其有异志，亦阴为之备。会夏口阙镇，朝廷以其地居寻阳上流，欲使腹心居之。二月，乙亥，以晋熙王燮为郢州刺史。燮始四岁，以黄门郎王奂为长史，行府州事，配以资力，使镇夏口；复恐其过寻阳为休范所劫留，使自太洑径去。休范闻之，大怒，密与许公舆谋袭建康；表治城隍，多解材板而蓄之。奂，景文之兄子也。

吐谷浑王拾寅寇魏浇河。夏，四月，戊申，魏以司空长孙观为大都督，发兵讨之。

魏以孔子二十八世孙乘为崇圣大夫，给十户以供洒扫。

秋，七月，魏诏：『河南六州之民，户收绢一匹，绵一斤，租三十石。』

乙亥，魏主如阴山。

八月，庚申，魏上皇如河西。

长孙观入吐谷浑境，刍其秋稼。吐谷浑王拾寅窘急，请降，遣子斤入侍。自是岁修职贡。

九月，辛巳，上皇还平城。

遣使如魏。

冬，十月，癸酉，割南兖、豫州之境置徐州，治钟离。

魏上皇将入寇，诏州郡之民十丁取一以充行，户收租五十石以备军粮。

魏武都氐反，攻仇池，诏长孙观回师讨之。

武都王杨僧嗣卒于葭芦，从弟文度自立为武兴王，遣使降魏；魏以文度为武兴镇将。

十一月，丁丑，尚书令袁粲以母忧去职。

癸巳，魏上皇南巡，至怀州。枋头镇将代人薛虎子，先为冯太后所黜，为门士。时山东饥，盗贼竞起，相州民孙诲等五百人称虎子在镇，境内清晏，乞还虎子。上皇复以虎子为枋头镇将，即日之官，数州盗贼皆息。

十二月，癸卯朔，日有食之。

乙巳，江州刺史桂阳王休范进位太尉。

诏起袁粲，以卫军将军摄职，粲固辞。

壬子，柔然侵魏，柔玄镇二部敕勒应之。

魏州镇十一水旱，相州民饿死者二千八百馀人。

是岁，魏妖人刘举聚众自称天子。齐州刺史武昌王平原讨斩之。平原，提之子也。

二年（甲寅，公元四七四年）

春，正月，丁丑，魏太尉源贺以疾罢。

二月，甲辰，魏上皇还平城。

三月，丁亥，魏员外散骑常侍许赤虎来聘。

夏，五月，壬午，桂阳王休范反。掠民船，使军队称力请受，付以材板，合手装治，数日即办。丙戌，休范帅众二万、骑五百发寻阳，昼夜取道；以书与诸执政，称：『杨运长、王道隆蛊惑先帝，使建安、巴陵二王无罪被戮。望执录二竖，以谢冤魂。』

勔、仆射刘秉、右卫将军萧道成、游击将军戴明宝、骁骑将军阮佃夫、右军将军王道隆、中书舍人孙千龄、员外郎杨运长集中书省计事，莫有言者。道成曰：『昔上流谋逆，皆因淹缓致败。休范必远惩前失，轻兵急下，乘我无备。今应变之术，不宜远出；若偏师失律，则大沮众心。宜顿新亭、白下，坚守宫城、东府、石头，以待贼至。千里孤军，后无委积，求战不得，自然瓦解。我请顿新亭以当其锋；征北守白下；领军屯宣阳门为诸军节度；诸贵安坐殿中，不须竞出，我自破贼必矣！』因索笔下议。众并注『同』。孙千龄阴与休范通谋，独曰：『宜依旧遣军据梁山。』道成正色曰：『贼今已近，梁山岂可得至！新亭既是兵冲，所欲以死报国耳。常时乃可屈曲相从，今不得也！』坐起，道成顾谓刘勔曰：『领军已同鄙议，不可改易！』袁粲闻难，扶曳入殿。即日，内外戒严。

道成将前锋兵出屯新亭，张永屯白下，前南兖州刺史沈怀明戍石头，袁粲、褚渊入卫殿省。时仓猝，不暇授甲，开南北二武库，随将士意所取。

萧道成至新亭，治城垒未毕，辛卯，休范前军已至新林。道成方解衣高卧以安众心，徐索白虎幡，登西垣，使宁朔将军高道庆、羽林监陈显达、员外郎王敬则帅舟师与休范战，颇有杀获。壬辰，休范自新林舍舟步上，其将丁文豪请休范直攻台城。休范遣文豪别将兵趣台城，自以大众攻新亭垒。道成帅将士悉力拒战，自巳至午，外势愈盛，众皆失色，道成曰：『贼虽多而乱，寻当破矣。』

休范白服，乘肩舆，自登城南临沧观，以数十人自卫。屯骑校尉黄回与越骑校尉张敬儿谋诈降以取之。回谓敬儿曰：『卿可取之，我誓不杀诸王！』敬儿以白道成。道成曰：『卿能办事，当以本州相赏。』乃与回出城南，放仗走，大呼称降。休范喜，召至舆侧，回阳致道成密意，休范信之，以二子德宣、德嗣付道成为质。二子至，道成即斩之。休范置回、敬儿于左右，所亲李恒、钟爽谏，不听。时休范日饮醇酒，回见休范无备，目敬儿；敬儿夺休范防身刀，斩休范首，左右皆散走。敬儿驰马持首归新亭。

道成遣队主陈灵宝送休范首还台。灵宝道逢休范兵，弃首于水，挺身得达，唱云『已平』，而无以为验，众莫之信。休范将士亦不之知，其将杜黑骡攻新亭甚急。萧道成在射堂，司空主簿萧惠朗帅敢死士数十人突入东门，至射堂下。道成上马，帅麾下搏战，惠朗乃退，道成复得保城。惠朗，惠开之弟也，其姊为休范妃。惠朗兄黄门郎惠明，时为道成军副，在城内，了不自疑。

道成与黑骡拒战，自晡达旦，矢石不息；其夜，大雨，鼓叫不复相闻。将士积日不

得寝食，军中马夜惊，城内乱走。道成秉烛正坐，厉声呵之，如是者数四。

丁文豪破台军于皂荚桥，直至朱雀桁南，杜黑骡亦舍新亭北趣朱雀桁。右军将军王道隆将羽林精兵在朱雀门内，急召鄱阳忠昭公刘勔于石头。勔至，命撤桁以折南军之势，道隆怒曰：「贼至，但当急击，宁可开桁自弱邪！」勔不敢复言。道隆趣勔进战，勔渡桁南，战败而死。黑骡等乘胜渡淮，道隆弃众走还台，黑骡兵追杀之。黄门侍郎王蕴重伤，踣于御沟之侧，或扶之以免。蕴，景文之兄子也。于是中外大震，道路皆云「台城已陷」，白下、石头之众皆溃，张永、沈怀明逃还。宫中传新亭亦陷，太后执帝手泣曰：「天下败矣！」

先是，月犯右执法，太白犯上将，或劝刘勔解职。勔曰：「吾执心行己，无愧幽明，若灾眚必至，避岂得免！」勔晚年颇慕高尚，立园宅，名为东山，遗落世务，罢遣部曲。萧道成谓勔曰：「将军受顾命，辅幼主，当此艰难之日，而深尚从容，废省羽翼，一朝事至，悔可追乎！」勔不从而败。

甲午，抚军长史褚澄开东府门纳南军，拥安成王准据东府，称桂阳王教曰：「安成王，吾子也，勿得侵犯。」澄，渊之弟也。杜黑骡径进至杜姥宅，中书舍人孙千龄开承明门出降，宫省恇扰。时府藏已竭，皇太后、太妃剔取宫中金银器物以充赏，众莫有斗志。

俄而丁文豪之众知休范已死，稍欲退散。文豪厉声曰：「我独不能定天下邪！」许公舆诈称桂阳王在新亭，士民惶惑，诣萧道成垒投刺者以千数。道成得，皆焚之，登北城谓曰：「刘休范父子昨已就戮，尸在南冈下。身是萧平南，诸君谛视之，名刺皆已焚，勿忧惧也。」

道成遣陈显达、张敬儿及辅师将军任农夫、马军主东平周盘龙等将兵，自石头济淮，从承明门入卫宫省。袁粲慷慨谓诸将曰：「今寇贼已逼而众情离沮，孤子受先帝付托，不能绥靖国家，请与诸君同死社稷！」被甲上马，将驱之。于是陈显达等引兵出战，大破杜黑骡于杜姥宅，飞矢贯显达目。丙申，张敬儿等又破黑骡等于宣阳门，斩黑骡及丁文豪，进克东府，馀党悉平。萧道成振旅还建康，百姓缘道聚观，曰：「全国家者，此公也！」道成与袁粲、褚渊、刘秉皆上表引咎解职，不许。丁酉，解严，大赦。

柔然遣使来聘。

六月，庚子，以平南将军萧道成为中领军、南兖州刺史，留卫建康，与袁粲、褚渊、刘秉更日入直决事，号为「四贵」。

桂阳王休范之反也，使道士陈公昭作《天公书》，题云「沈丞相」，付荆州刺史沈攸

景素，宏之子也。

乙卯，魏诏曰：『下民凶戾，不顾亲戚，一人为恶，殃及阖门。朕为民父母，深所愍悼。自今非谋反、大逆、外叛，罪止其身。』于是始罢门、房之诛。

魏显祖勤于为治，赏罚严明，慎择牧守，进廉退贪。诸曹疑事，旧多奏决，又口传诏敕，或致矫擅。上皇命事无大小，皆据律正名，不得为疑奏；合则制可，违则弹诘，尽用墨诏，由是事皆精审。尤重刑罚，大刑多令覆鞫，或囚系积年。群臣颇以为言，上皇曰：『滞狱诚非善治，不犹愈于仓猝而滥乎！夫人幽苦则思善，故智者以囹圄为福堂，朕特苦之，欲其改悔而加矜恕尔。』由是囚系虽滞，而所刑多得其宜。又以赦令长奸，故自延兴以后，不复有赦。

秋，七月，庚辰，立皇弟友为邵陵王。

乙酉，加荆州刺史沈攸之开府仪同三司，攸之固辞。执政欲征攸之而惮于发命，乃以太后令遣中使谓曰：『公久劳于外，宜还京师。任寄实重，未欲轻之；进退可否，在公所择。』攸之曰：『臣无廊庙之资，居中实非其才。至于扑讨蛮、蜑，克清江、汉，不敢有辞。虽自上如此，去留伏听朝旨。』乃止。

癸巳，柔然寇魏敦煌，尉多侯击破之。尚书奏：『敦煌僻远，介居西、北强寇之间，恐不能自固，请内徙就凉州。』群臣集议，皆以为然。给事中昌黎韩秀独以为：『敦煌之置，为日已久。虽逼强寇，人习战斗，纵有草窃，不为大害。循常置戍，足以自全；而能隔阂西、北二虏，使不得相通。今徙就凉州，不唯有蹙国之名，且姑臧去敦煌千有馀里，防逻甚难，二虏必有交通闚阚之志；若骚动凉州，则关中不得安枕。又，士民或安土重迁，招引外寇，为国深患，不可不虑也。』乃止。

九月，丁酉，以尚书令袁粲为中书监、领司徒；加褚渊尚书令，刘秉丹阳尹。粲固辞，求反居墓所；不许。

渊以褚澄为吴郡太守，司徒左长史萧惠明言于朝曰：『褚澄开门纳贼，更为股肱大郡，王蕴力战几死，弃而不收。赏罚如此，何忧不乱！』渊甚惭。冬，十月，庚申，以侍中王蕴为湘州刺史。

十一月，丙戌，帝加元服，大赦。

十二月，癸亥，立皇弟跻为江夏王，赞为武陵王。

是岁，魏建安贞王陆馛卒。

三年（乙卯，公元四七五年）

春，正月，辛巳，帝祀南郊、明堂。

萧道成以襄阳重镇，张敬儿人位俱轻，不欲使居之；而敬儿求之不已，谓道成曰：「沈攸之在荆州，公知其欲何所作；不出敬儿，以表里制之，恐非公之利。」道成笑而无言。三月，己巳，以骁骑将军张敬儿为都督雍、梁二州诸军事、雍州刺史。

沈攸之闻敬儿上，恐其见袭，阴为之备。敬儿既至，奉事攸之，亲敬甚至，动辄咨禀，信馈不绝。攸之以为诚然，酬报款厚。累书欲因游猎会境上，敬儿报以为：「心期有在，景迹不宜过敦。」攸之益信之。敬儿得其事迹，皆密白道成。道成与攸之书，问：「张雍州迁代之日，将欲谁拟？」攸之即以示敬儿，欲以间之。

夏，五月，丙午，魏主使员外散骑常侍许赤虎来聘。

丁未，魏主如武州山；辛酉，如车轮山。

六月，庚午，魏初禁杀牛马。

袁粲、褚渊皆固让新官。秋，七月，庚戌，复以粲为尚书令，八月，庚子，加护军将军褚渊中书监。

冬，十二月，丙寅，魏徙建昌王长乐为安乐王。

己丑，魏城阳王长寿卒。

南徐州刺史建平王景素，孝友清令，服用俭素，又好文学，礼接士大夫，由是有美誉；太宗特爱之，异其礼秩。时太祖诸子俱尽，诸孙唯景素为长；帝凶狂失德，朝野皆属意于景素。帝外家陈氏深恶之，杨运长、阮佃夫等欲专权势，不利立长君，亦欲除之。其腹心将佐多劝景素举兵，镇军参军济阳江淹独谏之，景素不悦。是岁，防阁将军王季符得罪于景素，单骑亡奔建康，告景素谋反。运长等即欲发兵讨之，袁粲、萧道成以为不可；景素亦遣世子延龄诣阙自陈。乃徙季符于梁州，夺景素征北将军、开府仪同三司。

